엄마표 영어 일력 365

이해성 지음

엄마표 영어 일력 365

초판 1쇄 발행 2023년 9월 10일

지은이 이해성
펴낸이 민혜영
펴낸곳 (주)카시오페아 출판사
주소 서울시 마포구 월드컵북로 402 906호(상암동 KGIT센터)
전화 02-303-5580 | **팩스** 02-2179-8768
홈페이지 www.cassiopeiabook.com | **전자우편** editor@cassiopeiabook.com
출판등록 2012년 12월 27일 제2014-000277호

ⓒ이해성, 2023
ISBN 979-11-6827-134-0 (13590)

이 책은 저작권법에 따라 보호받는 저작물이므로 무단 전재와 복제를 금하며,
책의 전부 또는 일부를 이용하려면 반드시 저작권자와 (주)카시오페아 출판사의
서면 동의를 받아야 합니다.

• 잘못된 책은 구입하신 곳에서 바꿔드립니다.
• 책값은 뒤표지에 있습니다.

지은이
이해성

전국의 수많은 엄마들이 먼저 인정하는 엄마표 영어의 리더이자 아이 주도 가치 교육을 지향하는 〈바다별에듀〉의 대표. 본격적인 엄마표 영어에 입문한 뒤 영어 영상 콘텐츠와 영어책을 폭넓게 활용해 아이의 잠든 '영어 두뇌'를 깨우는 '모국어 습득 방식의 엄마표 콘텐츠 영어'를 체계화했으며, 남들보다 뒤늦게 엄마표 영어를 시작한 큰아이는 3년 만에 MBC 정규 프로그램 〈우리 아이 뇌를 깨우는 101가지 비밀〉 '적기 교육' 편에 영어 영재로 출연할 만큼 영어 실력이 폭발적으로 성장했다. 이 좋은 영어 습득 방법을 혼자만 알기 아쉬워 주변에 나누기 시작했고, 유튜브 바다별에듀 채널을 통해 영어책을 읽어 주고 엄마표 영어 노하우에 대해 강의하며 글을 썼다. 6년여간 쉼 없이 지속해 온 유튜브 방송으로 더 많은 이들에게서 영어 습득의 효과를 확인하였다. 지금도 여전히 영어 습득의 비밀을 모르는 이들에게 원어민을 만나도 두렵지 않은 영어 능력을 키우는 방법을 알리고 있다.

결국 통하는 엄마표 영어 성공의 비밀은 매일 듣고 읽는 영어 콘텐츠뿐 아니라 아이의 생활 반경에 뿌려지는 엄마의 육아 언어임을 알려야 할 필요를 느껴 이 책을 집필했다.

저서로 《기적의 콘텐츠 영어 수업》 《아이 주도 학습을 만드는 엄마의 언어 습관》이 있다.

유튜브 https://www.youtube.com/@seastar309
인스타그램 https://www.instagram.com/readingjoy_master
블로그 https://blog.naver.com/seastar95
바다별에듀 온라인 클래스 https://seastar.liveklass.com

December
31
Day 365

• 자녀교육 칼럼 •

"I'm so happy to see you grown up like this."

한 해의 마지막 날입니다. 연초에 계획했던 모든 것이 이루어지지는 않았겠지만 우리 아이들의 키와 마음은 한 뼘 성장했습니다. 돌이켜 보면 후회되거나 아쉬운 점도 많겠지만 지난 한 해 가족의 다사다난했던 그 많은 일들이 어찌되었건 모두 지나간 일이 되어버렸네요.

'이 또한 다 지나가리라'는 마음으로 견뎌내고 인내했던 나 자신을 먼저 칭찬하세요. 힘든 일이 진행중이었을 때에는 언제쯤이나 해결이 될까 노심초사했겠지만 어찌되었든 시간은 흐르고 문제는 어떻게든 마무리 되었습니다. 아이들은 예전보다 한층 성장했고, 분명 더 큰 성장이 가능할 새해를 꿈꿀 수 있습니다.

하루 하루 우리 가족에게 주어진 시간의 소중함을 깊이 명상해 보세요. 그리고 언제든 털고 일어나 새로운 소망을 품을 수 있다는 사실에 감사해 봅시다. 꿈은 누구에게나 공평합니다. 우리 아이들과 더불어 새해에 멋지게 더 성장할 모습을 기대하며 서로를 응원하는 따뜻한 연말 되시기 바랍니다.

프롤로그

하루 한 문장, 엄마도 아이도 행복한
영어 말하기 첫걸음

    오랫동안 다양한 방송과 글에서 영어 교육을 비롯해 아이의 언어 성장과 좋은 교육에 대해 전국의 수많은 부모님들과 생각을 나누어 왔습니다. 사실 영어라는 언어의 바다는 너무나 광활해서 특정한 범위를 두고 가르친다는 것에 큰 의미를 두지 않습니다. 영어를 잘 습득하는 방법은 그저 일상에서 매일 자주 접하는 것입니다. 그런데 영어는 한국인에게 일상 언어가 아니므로 어떤 콘텐츠를 매일 보여 주고 들려주어야 하는지에 대해 부모님들께 최소한의 가이드는 필요하겠다는 생각을 했습니다.

    이 책에는 영어로 대화하고 싶은 엄마와 아이를 위해 매일 일상에서 나눌 수 있는 실용적인 문장들과 육아 인사이트를 담았습니다. 또한 말하기 아웃풋보다 근본적으로 필요한 인풋을 위해 아이와 함께 매일 즐

December 30
Day 364

> • 엄마표 영어 Q&A •

Q. 정말 엄마표 영어만 해도 단어를 잘 익히게 될까요?

 우리는 영어를 배울 때 문자와 단어를 먼저 공부했던 세대입니다. 단어를 단어장에 적어 암기하던 방식이 익숙한 부모 세대에게 모국어 습득 방식의 엄마표 영어가 입증하는 단어 습득의 경험들은 듣고 또 들어도 신기하기만 합니다. 저 역시 큰 아이를 키우며 매번 놀라고 감탄했던 것이, 가르쳐 주지 않았는데 어느새 그 많은 단어를 익혀가는 과정이었습니다. 그런데 이것이 우리 집만의 기적이 아님을 그동안 제자들뿐 아니라 수많은 부모님이 직접적으로, 그리고 온라인상 소통의 댓글로, 전국에서 알려 주셨습니다. 왜냐하면 단어의 예문조차 딱딱한 교재로 달달 암기해야 했던 우리 세대의 단어 학습법과는 달리 아주 흥미롭고 재미있는 콘텐츠를 통해 익혀지는 영어 단어들은 생동감 있는 시청각 자극으로 습득이 된 것이라 장기 기억에 더 많이 자리하게 되기 때문입니다. 명시적인 단어 학습은 영어 그림책으로 가능합니다. 그저 매일 매일 콘텐츠를 믿음으로 들려 주고 보여 주세요. 그 옛날 단어장 속 한두 개의 예문이 아닌 이야기 속 수많은 맥락 있는 예문들이 쏟아지듯 아이의 영어 뇌를 가득 채우며 단어를 익히게 할 것입니다.

기면 좋은 콘텐츠를 선별해 나누었어요. 광활한 영어의 바다에서 지극히 작은 부분이지만 유아와 초등 저학년 친구들이 매일 듣거나 보면서 영어를 느낄 수 있는 콘텐츠를 소개해 매일의 영어 루틴 만들기에 작은 도움을 드리고자 하였습니다.

그동안 엄마표 영어를 전해 오며 정말 많은 분들이 부모 자신도 영어를 배워 말하고 싶어 한다는 사실을 알게 되었습니다. 이 책에 나오는 영어 문장들은 일상에서 엄마와 아이가 이야기할 수 있는 표현들을 계절이나 각 시기에 따라 적합한 주제들로 나누어 구성한 것입니다. 육아를 하며 듣고 말하는 일상을 통해 엄마도 아이와 즐겁게 실용 영어의 기초를 다져 보시기를 바라겠습니다.

또한 매월 말에는 그동안 방송과 강연에서 전국의 수많은 엄마들과 소통하며 정말 자주 들었던 엄마표 영어와 관련된 질문에 대한 답변을 모아 육아 감성 담은 코칭과 더불어 팁을 드리고자 하였습니다. 엄마표 영어는 사실 좋은 육아와 근본이 같습니다. 육아에 정답은 없지만 최선은 있습니다. 영어를 매개로 아이와 엄마가 함께 성장하는 육아 일상을 만들어 가는 데에 이 책이 작게나마 도움이 되었으면 좋겠습니다.

"오늘도 행복한 영어 하세요!"

December 29

Day 363

• 엄마표 영어 Q&A •

Q. 값비싼 영어 그림책들을 얼마나 구매하면 좋을까요? 부담이 됩니다.

영어 그림책이 엄마표 영어에서 너무 좋은 자료가 되기 때문에 많은 부모님이 구매를 고려하시지만 비용이 부담되어 망설이는 분들도 많습니다. 그러나 영어 그림책을 구매해야만 엄마표 영어를 할 수 있는 것은 아닙니다. 왜냐하면 비싼 돈 들인 영어 그림책들을 내 아이가 반복해서 즐기지 않는 경우가 많기 때문입니다. 구매를 한다는 것은 아이가 자주 꺼내 보기를 기대하기 때문인데, 그렇지 못하면 자신도 모르게 아이에게 반복이나 학습을 강요하게 되어 아이가 부담을 느낄 수 있습니다. 가능한 주변의 공공 영어 도서관이나 온라인 도서관을 이용해 보세요. 질 좋은 책 한 권의 가치는 너무나 소중한 것이지만, 그것은 영어 이해력보다는 모국어로서 뜻을 이해하고 사고하게 도와주는 측면에서일 뿐 영어 습득에 결정적인 역할을 하지는 않습니다. 매일 영상과 이야기를 들려 주는 영어 환경 만들기가 더욱 중요하다는 사실을 잊지 말아 주세요. 그러나 물론 아이가 반복해 즐기는 홈런 북은 구매해야겠지요?

CONTENTS

January — Just Do It
- New Year's Resolution
- Hope
- Responsibility
- Courage

February — Daily Life 1
- Morning
- Noon and Afternoon
- Evening and Night
- Meal Time

March — Relationship
- Greetings
- Play
- Invitation(Birthday)
- Fight and Forgiveness

April — Feeling
- Happy and Grateful
- Sad and Mad
- Excited and Bored
- Annoyed

May — Family and People
- Mom and Dad
- Grams and Grans
- Brothers and Sisters
- Teacher

June — Daily life 2
- Weather 1 - Spring and Summer
- Health
- Studying
- Talking on the Phone

December
28
Day 362

• 복습하기 •

Day 356
What day is Christmas? How many days are left?
Three more days are left! I can't wait!

Day 357
What kind of present do you want to get from Santa?
I want Lego blocks!

Day 358
If you're still awake, Santa won't be able to come.
I prepared a sock by my bed. Now I will go to sleep!

Day 359
You know what Christmas means? It's baby Jesus' Birthday!
In what year and where was he born?

Day 360
What was the happiest thing for you this year?
What do you regret the most this year?

Day 361
I am so happy that you have grown so much this year.
If you are happy, I am happy, too.

오늘의 노래 Happy New Year Baby Shark

상어 가족의 행복한 연말 인사를 흥겨운 노래로 즐기며 New Year's counting을 미리 연습해 보세요. "Bye bye to this year! Hello! New Year!"

July
Summer
Summer Activities 1
Summer Activities 2
Rainy Season and Storm
Camping

August
Activities
Rest
Hobby
Indoor Activities
Outdoor Activities

September
Town and Places
Library
Amusement Park
Hospital
Market

October
Animals and Nature
Zoo
Pets
Plants and Trees
Mountain and River

November
Daily Life 3
Weather 2
- Fall and Winter
Transportation
Eating Out and Cooking
Thanksgiving

December
Winter
Winter Activities 1
Winter Activities 2
Bedtime Story
Christmas Day

December
27
Day 361

I am so happy that you have grown so much this year.

네가 올 한 해 이렇게나 자랐다는 사실이 엄마는 너무 행복해.

엄마가 한 해를 돌아보며 가장 뿌듯한 순간은 무엇보다도 아이들이 성장했다고 느낄 때 이지요. 아이들을 감사한 마음으로 바라보며 행복한 연말을 보내세요.

이렇게도 말해 보세요

If you are happy, I am happy, too.
엄마가 행복하면 저도 행복해요.

오늘의 영상 New Year's Eve Counting

새로운 한 해를 맞이하기 직전 New year's counting(새해 시작 직전의 카운트다운)을 아이들과 미리 연습해 보세요. 그림을 보며 역으로 수를 세어가며 새해를 맞이하는 들뜬 마음을 즐길 수 있습니다.

January

Just Do It

1월에는 새해에 주고받는 말들을 담았습니다. 새로운 결심과 희망의 말들, 아이에게 책임감과 용기를 불어넣어 주는 대화로 한 해를 활기차게 시작해 봅시다.

**New Year's Resolution
Hope
Responsibility
Courage**

December 26

Day 360

What was the happiest thing for you this year?

올 한 해 중 가장 행복했던 일이 뭐였니?

한 해가 벌써 저물고 있습니다. 올해 가장 행복했던 일과 후회되는 일을 한번 떠올려 보세요. 한 해를 돌아보며 서로 이야기를 나누다 보면 그 자체로 따뜻한 연말을 보낼 수 있을 거예요.

이렇게도 말해 보세요

What do you regret the most this year?
엄마는 올해 무엇이 가장 후회되세요?

오늘의 책 Cuddle! by Beth Shoshan

포근하게 꼭 안아준다는 뜻의 'cuddle'. '만약 고래나 기린, 고슴도치, 악어 같은 동물들을 꼭 안는다면?' 하는 아이다운 생각과 그럴 수 없는 이유들이 그림으로 잘 표현되어 있어요. 결국 아이가 꼭 안을 수 있는 것은 바로 옆의 Teddy 인형뿐이네요. 내 옆의 가족을 꼬옥 안아 한 해 동안 부어준 사랑에 감사하며 연말을 행복하게 마무리해 봅시다.

January

1

Day 1

Happy New Year!
I wish you good luck!

행복한 새해 보내렴! 행운을 빈단다!

새해가 되었습니다. 가족 모두 서로에게 새해 인사를 나누어 보세요.
덕담 한마디로 올해 우리 가정의 행복과 새로운 시작을 기념할 수 있어요.

이렇게도 말해 보세요

I hope all goes well in the new year!
새해에는 모든 일이 잘되길 바라요!

오늘의 책 Happy New Year, Spot! by Eric Hill

New Year's Eve에 모여 새해 카운팅을 하는 친구들! 저마다 새해 소원을 말하고 있네요. 이 책과 더불어 새해 첫날 가족과 행복한 덕담과 인사를 나누어 보세요.

December 25
Day 359

You know what Christmas means? It's baby Jesus' Birthday!

크리스마스가 무엇을 의미하는지 알아?
아기 예수님의 탄생일이야!

산타의 날로 알려진 듯한 크리스마스는 사실 아기 예수님의 탄생일이라는 것을 알려 주세요. 영미권의 대표적인 명절 문화를 이해하는 것은 전 세계적 소통을 위해 필요해요.

이렇게도 말해 보세요

In what year and where was he born?
몇 년도에 어디에서 태어나셨대요?

오늘의 영상 Birth of Jesus Christ

아기 예수님의 탄생 과정을 쉬운 영어와 애니메이션으로 시청해 보세요. 2000년 전 나사렛에서 Joseph과 결혼을 앞둔 Mary에게 천사가 나타나 말합니다. "He will be great and will be called the 'Son of God.'(당신의 아기는 'Son of God'이라 불리는 위대한 분이 될 것입니다.)"

January

2
Day 2

What are your plans for this year?

올해 어떤 계획이 있니?

새해 둘째 날에는 새로운 다짐을 함께 나누어 보세요.
무엇을 할지 기분 좋은 결심으로 활기찬 새해를 맞이하길 바랄게요.

이렇게도 말해 보세요

I'm going to exercise a lot!
운동을 많이 하려고 해요!

오늘의 영상 Caillou and New Year Party

Caillou가 멋지게 차려입고 친구 가족들과 새해 파티에 참석해 즐거운 시간을 갖습니다. 혹시 잠이 들어 새해 카운팅을 놓쳤다면 Caillou 가족과 함께 새해를 기다리고 축하하는 문화를 즐겨볼까요?

December
24
Day 358

If you're still awake, Santa won't be able to come.

아직도 깨어 있으면 산타 할아버지가 못 오실 텐데.

특별한 날의 전날 밤에는 잠이 잘 오지 않지만, 이날만큼은 예외입니다. 설레는 마음을 다스려 일찍 잠에 들 수 있도록 수면등을 켜놓고 크리스마스 이야기를 들려 주세요.

이렇게도 말해 보세요

**I prepared a sock by my bed.
Now I will go to sleep!**
침대 옆에 양말 하나 준비했어요. 이제 잘 거예요!

오늘의 책

Henry and Mudge and
a Very Merry Christmas by Cynthia Rylant

쉽고 간결한 문장들이 따뜻한 그림과 더불어 묘사된 Henry 가족의 성탄절 이야기입니다. 크리스마스 트리와 음식, 캐럴, 친척 초대 등 미국의 전통적인 크리스마스 명절 문화를 엿볼 수 있어요.

January

3
Day 3

I want to be more patient this year.

올해는 좀 더 인내심을 갖고 싶어.

육아를 하면서 꼭 필요한 건, '견뎌내는 것'입니다. 엄마가 먼저 인내심을 가지길 원해 보세요. 어제보다 더 나은 엄마가 되는 가장 첫 번째 결단으로 이어질 거예요.

이렇게도 말해 보세요

I want to be smarter this year!
나는 올해 더 똑똑해질 거예요!

오늘의 책   Be Kind by Pat Zietlow Miller

다른 사람과 잘 어울려 살아가는 것의 가치를 예쁜 그림과 더불어 아이가 느낄 수 있게 해 주는 책입니다. "I want to be kind!(나는 친절한 사람이 될 거예요!)"와 같은 이 책에 나오는 문장으로 오늘의 표현을 응용해 보세요.

December
23

Day 357

What kind of present do you want to get from Santa?

산타 할아버지한테 어떤 선물을 받고 싶어?

내가 주고 싶은 것이 아닌, 상대가 원하는 것을 주는 것이 진짜 선물이지요. 크리스마스 선물을 기대하는 아이의 순수한 눈동자와 눈을 맞추는 것 그 자체가 사랑입니다.

이렇게도 말해 보세요

I want Lego blocks!
레고 블록을 갖고 싶어요!

오늘의 영상   Max's Christmas

크리스마스 때마다 자주 들려 주며 듣기 연습을 시켰던 최고의 영상 자료입니다. 아이들이 좋아하는 산타 할아버지를 소재로 하는 Max의 대사를 통해 세상의 모든 의문사를 자연스레 익힐 수 있어요.

January

4

Day 4

I will read you plenty of books this year!

나는 올해 너에게 많은 책을 읽어 줄 거야!

올해에는 아이에게 좋은 책을 많이 읽어 주겠다는 계획을 세우셨나요? 아이는 엄마의 말과 행동으로 자랍니다. 매일 따뜻한 목소리로 아이에게 책을 읽어 준다면 아이의 평생에 넉넉한 자양분이 될 거예요.

이렇게도 말해 보세요

I will read lots of books this year.
저는 올해 책을 많이 읽을 거예요.

오늘의 영상   A New Year's Special

수다쟁이 Ruby가 쏟아내는 말을 통해 다양한 일상 회화를 배울 수 있어요. 루비 가족이 즐겁게 파티 준비를 하며 새해를 맞이하는 일상의 대화를 엿들어 보세요.

December
22
Day 356

What day is Christmas? How many days are left?

크리스마스가 무슨 요일이지? 며칠 남았어?

일 년 중 아이들이 가장 기다리는 날, 생일 다음으로 크리스마스를 꼽는 친구들이 많아요. 아기 예수님의 생일이지만 아이들도 선물을 받습니다. 이 날을 기쁜 마음으로 기다려 봅시다.

이렇게도 말해 보세요

Three more days are left!
I can't wait!
3일 더 남았어요! 어서 왔으면!

오늘의 책   Merry Christmas, Big Hungry Bear!
by Don & Audrey Wood

작은 생쥐의 행복한 크리스마스 이야기입니다. 털끝 하나 등장하지 않는 Big Hungry Bear에 대한 서운함, 긴장감 그리고 행복한 나눔의 감정을 작가의 언어와 생동감 있는 생쥐의 표정으로 재미있게 느낄 수 있어요.

January

5
Day 5

Why don't you learn English this year?

올해에는 영어 좀 배워 보지 않을래?

새해 목표로 늘 손꼽히는 건 영어 배우기입니다. 올해에는 아이가 좋아하는 스토리와 영상 콘텐츠를 통해 영어를 배워보자고 가족 모두가 서로 권유해 보면 어떨까요?

이렇게도 말해 보세요

Why don't you show me a TV show?
TV 좀 보여 주지 않으실래요?

오늘의 책   Zomo the Rabbit by Gerald McDermott

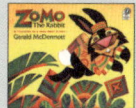

서아프리카의 전래동화를 선명한 색감의 그림과 간결한 문장으로 각색한 책이에요. Sky God이 주는 불가능해 보이는 미션들을 똑똑한 토끼 Zomo가 지혜롭게 수행하는 과정이 그려져 있습니다. Zomo가 얻고 싶은 지혜(wisdom)는 어떤 걸 의미하는지 아이와 함께 이야기해 보세요.

December
21
Day 355

• 복습하기 •

Day 349
Would you like a story?
I want to read this one.

Day 350
It's your turn to read aloud.
Can you read it instead of me?

Day 351
Why did she get angry at this moment?
Give me some time to think about it.

Day 352
Why do you think he shouldn't do this?
Because I think it's too dangerous.

Day 353
Do you see any difference between the two pictures?
I don't see any difference.

Day 354
Can you change the ending part of this story into a new one?
I got a new idea!

오늘의 노래 Santa Claus Is Coming

크리스마스 시즌입니다. 아이들의 귀에 익숙한 크리스마스 캐럴을 하나 배워 볼까요? pout(토라지다), naughty(말을 안 듣는) 등 단어를 익힌 후 함께 불러 보며 크리스마스를 준비해 보세요.

January

6

Day 6

I think you better keep going.

꾸준히 하면 더 좋을 텐데 싶구나.

결심은 누구나 하지만 꾸준히 하는 것은 힘들지요. 어른도 힘든데 아이에게는 더더욱 쉽지 않습니다. 아이의 행동이 꾸준히 이어지기를 바랄 때는 명령조로 이야기하지 말고 엄마의 생각을 이렇게 부드럽게 말해 주세요.

이렇게도 말해 보세요

I think you better not say it like that.
그렇게 말씀하지 않으시면 좋겠어요.

오늘의 영상 Three Little Pigs

아기 돼지 3형제는 아이들이 내용을 잘 알고 있는 동화입니다. 자신을 위한 집을 짓기로 결심하고 떠나 실행하는 과정을 보며 아이들은 실패와 성공의 비결을 깨닫는 지혜를 얻을 수 있을 거예요.

December 20
Day 354

Can you change the ending part of this story into a new one?

이 이야기의 끝 부분을 새롭게 바꿔 볼 수 있을까?

책을 읽은 다음에는 주인공의 문제 해결 과정을 자신만의 이야기로 바꿔 보는 활동을 해 보세요. 아이들의 시선에서 더 재미있고 창의적인 이야기로 탈바꿈할 수 있답니다.

이렇게도 말해 보세요

I got a new idea!
좋은 생각이 났어요!

오늘의 영상　Read Me a Story

글자 읽는 방법을 익히게 하는 Jenkins 선생님의 지도 방법을 배워 볼까요? 특정 글자로 시작하는 말을 교실에서 찾아 보는 게임을 시청하기만 해도 읽기 능력을 높일 수 있을 것 같습니다.

January

7

Day 7

• 복습하기 •

Day 1
Happy New Year! I wish you good luck!
I hope all goes well in the new year!

Day 2
What are your plans for this year?
I'm going to exercise a lot!

Day 3
I want to be more patient this year.
I want to be smarter this year!

Day 4
I will read you plenty of books this year!
I will read lots of books this year.

Day 5
Why don't you learn English this year?
Why don't you show me a TV show?

Day 6
I think you better keep going.
I think you better not say it like that.

오늘의 노래 ### The New Year Is Marching In

새해가 시작될 때 나는 무엇을 할 것인지에 관한 표현을 배울 수 있습니다. 'will'의 다양한 쓰임을 노래로 연습해 보세요. 신나게 새해 분위기를 즐기고 싶은 모든 친구들에게 좋은 노래입니다.

December
19
Day 353

Do you see any difference between the two pictures?

이 두 사진의 차이점을 알겠니?

반복되는 내용이 많은 그림책을 보면서 차이점을 찾아 보는 질문을 해 보세요. 관찰력과 집중력, 그리고 표현력 발달에 좋은 활동입니다. 아이들이 어른보다 더 잘 찾는 경우가 많아요.

이렇게도 말해 보세요

I don't see any difference.
차이점을 잘 모르겠어요.

오늘의 책 Suddenly! by Colin McNaughton

호시탐탐 천진난만한 아기 돼지 Preston을 노리는 늑대의 엉뚱한 실수들이 웃음을 자아냅니다. 엄마가 갑자기 목소리 톤을 높여 큰 소리로 "Suddenly!"라고 읽어 주면 더 실감나게 들을 수 있을 거예요.

January

8
Day 8

What are your wishes for this year?

올해 무엇을 소망하니?

새해에 어떤 것을 소망하시나요? 스스로에게 질문해 보고 다른 가족에게도 궁금한 마음을 전해 보세요. 바라는 것을 나누다 보면 서로에 대해 몰랐던 점을 알게 될 거예요.

이렇게도 말해 보세요

I wish the whole family good health.
온 가족이 건강하기를 바라요.

오늘의 책 The Wish Fish (retold) by Lesley Sims

우연히 낚아 올린 Magic Fish에게서 세 가지 소원을 말할 기회를 얻게 된 가난한 부부. "I wish to be rich.(난 부자가 되고 싶어.)" "I wish to be richer!(난 (지금보다) 더욱 부자가 되고 싶어!)" Magic Fish와 부부의 대화를 통해 비교하는 표현을 익힐 수 있어요.

December
18
Day 352

Why do you think he shouldn't do this?

왜 그가 이렇게 행동하면 안 된다고 생각하니?

읽기 활동의 정점은 등장인물의 입장에서 한 발짝 떨어져 '나'의 생각을 키우는 것입니다. 주인공의 행동에 대해 아이의 의견이 어떤지를 한번 물어보세요. 아이만의 관점을 키울 수 있습니다.

이렇게도 말해 보세요

Because I think it's too dangerous.
제 생각에 그건 너무 위험한 것 같아서요.

오늘의 영상 The Gingerbread Man Story

갓 구워지자 마자 뛰쳐나온 gingerbread를 온 가족이 쫓아가며 외치는 유명한 대사를 노래 선율로 따라해 볼 수 있어요. "Run, run as fast as you can!(가능한 빨리 뛰어 봐!)" "You can't catch me!(날 못 잡을걸!) I'm the gingerbread man!(난 생강빵이라고!)"

January

9
Day 9

I hope everything goes well with my family.

가족의 모든 일이 잘되길 바란단다.

가족이 하는 일이 모두 잘 되기를 바라는 마음은 누구에게나 있지요.
진심을 담아 이 말을 자주 해 보세요. 말하는 대로 될 거라 믿습니다.

이렇게도 말해 보세요

I hope you get better soon!
어서 더 좋아지기를 바라요!

오늘의 영상   **Kids Try New Years Food from around the World**

각 나라에서 새해를 기념하며 먹는 음식을 배워볼까요? 다른 나라의 음식 문화를 엿보며 새해를 맞이하는 소망을 나누어 보세요.

December

17

Day 351

Why did she get angry at this moment?

이 순간 그녀는 왜 화가 났을까?

아이들에게 책을 읽어 주다 보면 등장인물의 입장에서 생각해 보게 하는 질문을 할 때가 많아요. 읽는다는 것은 내가 아닌 이야기 속 인물의 시선으로 생각해 보는 활동과도 같습니다. 책을 읽다 보면 자연스레 공감 능력을 키울 수 있는 이유이기도 하지요.

이렇게도 말해 보세요

Give me some time to think about it.
잠시 생각해 볼 시간을 주세요.

오늘의 책　　Madeline by Ludwig Bemelmans

프랑스 파리의 한 기숙사에서 12명의 어린 친구들과 함께 지내는 용감한 소녀 Madeline의 즐거운 단체 생활 이야기입니다. 파리를 배경으로 아름답게 그려진 소녀들의 우정이 아이들의 시선을 충분히 사로잡을 거예요.

January

10
Day 10

I'm sure you'll grow taller this year.

올해 분명히 키가 더 클거야.

아이들을 향한 큰 바람 중 하나는 우리 아이의 키가 한 뼘 더 자라면 좋겠다는 생각일 거예요. 아이들도 그러고 싶을 거고요. 건강한 요리를 준비한 후 따뜻한 목소리로 아이 귓가에 속삭여 봅시다.

이렇게도 말해 보세요

Are you sure I'll be stronger this year?
제가 확실히 올해 더 튼튼해질 것 같아요?

오늘의 책

The Berenstain Bears and The Wishing Star
by Stan & Jan Berenstain

Sister Bear는 소원을 들어주는 별에게 'Wishing Star Rhyme'을 간절히 낭송하면 소원이 이루어진다는 엄마의 말을 듣습니다. Star light, Star bright, First star I see tonight. 아이와 함께 Rhyme 낭송을 연습해 보세요.

December

16

Day 350

It's your turn to read aloud.

이제 네가 소리 내어 읽어 볼 차례야.

읽기를 연습하는 친구들에게는 엄마와 '번갈아 읽기' 활동을 해 보세요. 듣기를 많이 해 온 친구들은 짧은 영어 문장을 쉽게 따라 읽을 수 있답니다.

이렇게도 말해 보세요

Can you read it instead of me?
저 대신 읽어 줄 수 있으세요?

오늘의 영상   All Is Found

성인 Elsa의 회상씬으로 Anna와 Elsa 자매의 엄마가 어린 시절 고향의 비밀에 대해 이야기 나누어 주는 장면입니다. 따뜻한 엄마 목소리의 아름다운 노래 선율이 귓가에 선명하게 들려요.

January
11
Day 11

I believe you will have a year of many experiences.

많은 경험을 하는 한 해가 될 거라 믿어.

아이는 인생에서 수많은 경험으로 성장합니다. 아이의 몸과 마음이 성장할 다양한 경험을 많이 하게 되는 한 해가 되기를 바라는 마음으로 이 말을 전해 볼까요?

이렇게도 말해 보세요

I believe it'll be your year!
엄마의 해가 될 거라 믿어요!

오늘의 영상 **100 Kids Tell Us Their One Wish**

100명의 친구들이 가장 이루어지길 바라는 소원 한 가지를 말합니다. 아이와 함께 영어 표현의 뜻을 찾아 보면서, 공감되는 소원이 있는지 살짝 물어보세요. 다른 나라 친구들은 어떤 소원을 말하는지 궁금한 친구들에게 좋은 영상입니다.

December 15
Day 349

Would you like a story?

이야기 하나 들려줄까?

실내 활동이 많은 겨울에는 따뜻한 방에서 책을 읽어 주는 시간을 자주 가져 보세요. 아이가 놀이로 시간을 많이 보내는 곳에 다양한 책을 펼쳐놓고 자연스레 유도해 봅시다. 재미있어 보이는 표지와 그림들이 아이의 시선을 사로잡을 거예요.

이렇게도 말해 보세요

I want to read this one.
이거 읽어 보고 싶어요.

오늘의 책

Daisy You Do! by Kes Gray and Nick Sharret

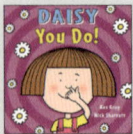

잔소리를 할 때마다 엄마도 그런다며 자꾸 말대꾸하는 Daisy의 장난이 왜 이리 재미있을까요. 일상에서 자주 들을 수 있는 엄마의 잔소리를 영어로 접할 수 있습니다. 아이가 엄마의 잔소리를 싫어한다면 이 책을 같이 읽어 보세요.

January

12
Day 12

Do you believe in what you say will happen?

네가 말하는 대로 될 거라 믿고 있니?

새해의 결심은 그대로 될 거라 믿을 때 힘을 발휘하지요. 내가 말한 대로 이루어질 거라 먼저 믿는다면, 아이에게 들려주는 엄마의 말도 더 잘 전달될 거예요.

이렇게도 말해 보세요

Sure. I believe in what you say.
그럼요. 엄마가 말하는 거 믿어요.

오늘의 책 I Am a Bird by Hyewon Yum

새를 사랑하는 소녀가 아빠 등 뒤에서 자전거를 타며 이웃과 인사를 나누는 따뜻한 색감의 그림책입니다. 그림을 가리키며 실감 나게 읽어 주다 보면 흉내내기 놀이를 할 때, 자신도 모르게 영어 문장이 툭 튀어나올 수 있어요.

December

14
Day 348

• 복습하기 •

Day 342
Going sledding will make you super excited!
We don't have a sled. Can you buy one for me?

Day 343
Please remember to come back by 6 o'clock!
Yes, I will!

Day 344
Balance is the most important when we're skiing.
What is the most important when we learn English?

Day 345
There's a lot of snow. Shall we make a snow angel?
Lie down here and move your arms up and down like this!

Day 346
It's snowing! Would you like to go outside and play?
I'd like to go out and play with my friends!

Day 347
Shall we build a snowman?
I'm gonna build a snowman!

오늘의 노래 I'm a Little Snowman

눈사람 아저씨가 자신을 소개하는 노래입니다. 따라 말하기 쉬운 느린 속도의 챈트를 즐긴 후 노래를 따라 불러 보세요.

January

13
Day 13

I hope to speak English this year.

올해엔 영어로 말해 보기를 바란다.

세계 공용어인 영어로 말하고 싶은 소망을 안 가진 사람은 없을 거예요. 올 한 해 영어를 즐겁게 공부해서 세상을 향한 또 다른 관문인 그것으로 세계인과 소통해 보는 모두가 되기를 소망합니다.

이렇게도 말해 보세요

I hope to talk with foreigners in English.
올해에는 외국인과 영어로 말할 수 있기를 바라요.

오늘의 영상 Little Bear's Wish

"Did you make a wish on the first star you saw?" 잠들기 전 처음 본 별에게 소원을 빌었는지 엄마가 묻자 잠이 오지 않는 Little Bear는 하늘을 날 수 있는 새가 되었으면 좋겠다고 합니다. 구름 위에 앉아 별까지 날아가고 싶고 공주도 만나고 싶다고 하네요.

December
13
Day 347

Shall we build a snowman?

눈사람 만들어 볼까?

눈이 오면 아이들이 가장 좋아하는 활동 중 하나가 눈사람 만들기이지요. 눈사람은 아이들에게 최고의 판타지를 선사할 것입니다.

이렇게도 말해 보세요

I'm gonna build a snowman!
눈사람 만들 거예요!

오늘의 영상 I Spent 48 Hours Building an Igloo Mansion

두 청년이 집 뒤뜰에 거대한 이글루를 만드는 과정을 보여 줍니다. "It looks like it's bigger than the house!(집보다 더 커 보이는데!)", broken shovel(부러진 삽), entrance(입구) 등 흥미로운 장면과 함께 쏟아지는 말들이 아이의 영어 귀를 트이도록 도와 줍니다.

January
14
Day 14

• 복습하기 •

Day 8
What are your wishes for this year?
I wish the whole family good health.

Day 9
I hope everything goes well with my family.
I hope you get better soon!

Day 10
I'm sure you'll grow taller this year.
Are you sure I'll be stronger this year?

Day 11
I believe you will have a year of many experiences.
I believe it'll be your year!

Day 12
Do you believe in what you say will happen?
Sure. I believe in what you say.

Day 13
I hope to speak English this year.
I hope to talk with foreigners in English.

오늘의 노래 Exercise Song

새해 소망을 말하다 보면 가족의 건강을 빼놓을 수 없습니다. 온 가족이 함께 노래를 신나게 따라 하며 매일 운동하는 습관을 만들어 보세요. 바닥에 두툼한 매트를 깔아놓는 것도 잊지 마시구요! 운동을 좋아하는 5~7세 친구들에게 들려주면 좋은 노래입니다.

December
12
Day 346

It's snowing! Would you like to go outside and play?

눈이 오네! 나가서 놀고 싶니?

상대가 정말 원하는지를 확인하는 것은 소통의 기본입니다. 무언가를 권할 때 아이의 마음을 확인해 보세요. 의외의 답변이 나올 때도 있답니다.

이렇게도 말해 보세요

I'd like to go out and play with my friends!
나가서 친구랑 놀고 싶어요!

오늘의 책 The Snowman by Raymond Briggs

한 번도 보지 못했던 소복이 쌓인 눈에 신이 난 James는 정성 들여 눈사람을 만들고는 잠이 들어요. 한밤중에 잠에서 깨어난 James는 눈사람이 궁금해 밖에 나가 보는데, 놀라운 일이 벌어집니다. "And suddenly… the snowman moved!(그리고 갑자기… 눈사람이 움직였어요!)"

January
15
Day 15

What are you supposed to do today?

오늘 뭐 하기로 했지?

독립심 있는 아이로 키우려면 이 말을 자주 해 주세요. 평소에 아이와 역할을 나누어, 해야 할 일을 서로 상의하는 수평적인 문화를 만들면 아이가 자기 효능감을 느끼며 부쩍 성장할 거예요.

이렇게도 말해 보세요

I'm supposed to clean the living room.
거실 청소를 하기로 했어요.

오늘의 책 The Little Red Hen by Paul Galdone

누구의 도움 없이 혼자서 일을 도맡아 하는 암탉이 어느 날 주변의 친구들에게 도움을 청합니다. 하지만 모두가 똑같이 이렇게 외칩니다. "Not I!" 아무도 도와주지 않는 상황, 결국 달콤한 열매는 누가 즐길 수 있을까요? "I will!" 내가 하겠다고 의지를 보이는 암탉 자기 자신뿐이겠지요?

December

11

Day 345

There's a lot of snow. Shall we make a snow angel?

눈이 많이 쌓였네. 스노 에인절 만들어 볼까?

하얀 눈이 가득한 것만큼 아이들에게 행복한 일이 없어요. 아무도 밟지 않은 눈 덮인 세상을 보는 것이 쉽지 않기에 눈과 관련한 콘텐츠는 아이들에게 항상 인기가 많습니다.

이렇게도 말해 보세요

Lie down here and move your arms up and down like this!
여기 누워서 팔을 위아래로 이렇게 움직여 보세요!

오늘의 영상 How to Draw a Snow Angel

Rob 아저씨와 함께 스노 에인절을 그리는 방법을 배워 볼까요? 종이와 마커를 준비하고 반복해서 들으며 따라 그려 보세요. 영어 미술 시간이 따로 없네요!

January

16
Day 16

I will prepare the meals.

나는 식사를 준비할게.

아이에게 해야 할 일을 제안하기 전에 엄마가 먼저 무엇을 맡을지 말해 주세요. 각자의 역할이 있음을 자연스레 받아들일 수 있어요.

이렇게도 말해 보세요

I will organize the shoes.
저는 신발을 정리해 볼게요.

오늘의 영상 **Building a House for Emily**

Little Bear가 사는 곳에 잠시 머물러 오는 사람 친구 Emily와 할머니. 그 두 친구를 위해 Little Bear 가족은 정성껏 집을 짓습니다. Little Bear 가족의 일상에서 손님을 위한 배려와 협동의 과정을 알아보세요. 친구를 초대했을 때의 각자의 역할과 책임감을 배울 수 있습니다.

December

10
Day 344

Balance is the most important when we're skiing.

스키를 탈 때는 균형이 가장 중요하단다.

무엇을 배우든 균형은 중요하지요. 어느 한 쪽에 치우치는 것은 어떤 일에서든 항상 문제를 일으키기 마련입니다. 겨울 스포츠의 꽃인 스키를 배울 때에도 마찬가지입니다.

이렇게도 말해 보세요

What is the most important when we learn English?
영어를 배울 때엔 무엇이 가장 중요한가요?

오늘의 책 The Snowy Day by Ezra Jack Keats

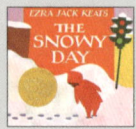

눈 오는 날 아이의 신나는 하루를 따라가 보세요. 눈을 밟을 때 나는 소리와 발자국, 스노 에인절 놀이, 따뜻한 집으로 가져온 눈덩이가 사르르 녹았을 때의 슬픔을 경험한 친구들은 특히 즐겁게 읽을 수 있습니다.

January
17
Day 17

How about cleaning the desk today?

오늘은 책상 정리를 해 보면 어떨까?

아이가 어질러 놓은 책상을 대신 치워 주고 계시나요? 먼저 나서서 치워 주기 전에 아이에게 책임감에 대해 가르쳐 주세요. 스스로 정리하는 기쁨을 아이에게서 뺏지 않으시기를 바랍니다.

이렇게도 말해 보세요

How about helping me with the homework?
숙제를 좀 도와주시면 어때요?

오늘의 책

Clifford the Small Red Puppy
by Norman Bridwell

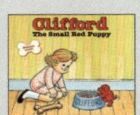

너무 작게 태어나 죽을 운명에 처한 조그만 새끼 강아지가 Emily를 만나 사랑으로 보살핌을 받자 기적이 일어납니다. 매시간 쑥쑥 자라 거대한 개가 되어 그녀의 가장 좋은 친구가 되어 줍니다. 한 생명을 책임지는 일의 가치를 아이에게 가르쳐 주세요.

December

9
Day 343

Please remember to come back by 6 o'clock!

6시까지는 들어와야 해!

시간의 기한을 말할 때에는 by 뒤에 날짜나 시간을 붙여 말합니다. 아이들이 즐거운 야외 놀이로 시간을 보내다 보면 부모가 꼭 하게 되는 말이지요.

이렇게도 말해 보세요

Yes, I will!
그럼요, 그렇게 할게요!

오늘의 영상 Caillou and the Winter Activities

아빠에게 스키 타는 방법을 배우는 Caillou의 의지 가득한 표정이 재미있어요. 눈썰매, 눈싸움, 눈사람 만들기 등 가족과 함께하는 모든 재미있는 활동에 필요한 표현들이 담겨 있습니다.

January

18
Day 18

I don't think it's my responsibility.

그건 내 책임이 아닌 것 같아.

가령 아이가 반려동물을 돌보겠다고 미리 약속한 것을 지키지 않고 엄마에게 은근슬쩍 미루면 이렇게 이야기해 보세요. 누군가 막연히 책임을 미룰 때 용기 있게 거절하는 자기표현의 언어이기도 합니다.

이렇게도 말해 보세요
I don't think it's my fault.
그건 제 잘못이 아닌 것 같아요.

오늘의 영상 Caillou and the Class Pet

Class pet(교실에서 기르는 반려동물)인 Gerald의 주말 돌보미가 된 Caillou와 함께 책임감을 간접 경험해 보세요. 잠시 장난감 볼 안에 넣어둔 Gerald가 사라지자 Caillou는 이렇게 말해요. "I left him here and now he's gone!(내가 여기에 놔두었는데 방금 사라졌어요!)"

December 8
Day 342

Going sledding will make you super excited!

썰매 타러 가면 엄청 신날 거야!

아이들의 겨울 놀이 중 눈썰매처럼 신나는 활동은 없겠지요? 형용사 앞에 'super'라는 말을 붙이는 것은 흔히 강조하는 표현법입니다. 썰매 타기를 기대하는 아이에게 엄지 척 올려 이렇게 말해 보세요.

이렇게도 말해 보세요

We don't have a sled. Can you buy one for me?
우리는 썰매가 없잖아요. 하나 사 주실 수 있어요?

오늘의 책 Clifford's First Snow Day by Norman Bridwell

아기 강아지 Clifford가 Emily 집에 입양된 이후 처음 맞는 눈 오는 날 이야기입니다. 부츠 한 짝을 눈썰매로 즐기거나, 눈을 굴리는 과정에서 눈사람 속으로 들어가게 되는 Clifford의 에피소드가 재미있습니다. 높이 쌓인 눈밭을 즐겁게 간접 체험해 보세요.

January

19
Day 19

It's important to focus on learning for now.

지금은 배우는 것에 집중하는 게 중요해.

아이가 오늘 해야 할 학습을 거부할 때는 이렇게 말하고 이유를 설명해 주세요. 지금은 배우고 익히는 것이 아주 중요하다는 걸 알게 해 주어야 합니다.

이렇게도 말해 보세요

It's my job to take care of the cat.
고양이를 돌보는 것이 제 일이에요.

오늘의 책 I Don't Want To Go To School!
by Stephanie Blake

학교 가기 전날, Simon은 처음으로 학교에 가지 않겠다고 고집을 부립니다. 학교에 가야 한다는 말을 들을 때마다 "No way!(안 가요!)"라고 외칩니다. 하지만 다음 날 학교에서 즐겁게 지낸 이후 이제 집에 갈 시간이라며 데리러 온 엄마의 말에 Simon은 웃으며 외칩니다. "No way!"

December

7

Day 341

• 복습하기 •

Day 335
It's too cold to play outside!
How about playing a board game at home?

Day 336
Just tell me what you want to do.
I want to learn how to snowboard!

Day 337
I would rather enjoy hot cocoa and stay inside.
I would rather watch some movies inside.

Day 338
Why don't we go on a winter drive?
Why don't we go to a movie theater?

Day 339
It's freezing. Can you help me cook some hot soup?
What should I do first?

Day 340
Staying at home all day isn't good for your health.
Eating too much junk food isn't good for health.

오늘의 노래 ## The Pinocchio

흥겨운 노래를 부르며 추운 겨울 몸을 따뜻하게 해 주는 운동을 즐겨 봅시다. 바닥에 두툼한 매트를 깔고 아이들과 즐거운 시간을 만들어 보세요.

January
20
Day 20

Let's decide our roles from now on.

우리 이제부터는 역할을 정해 보자.

여태껏 아이에게 책임감에 대해 미처 가르쳐 주지 못했나요? 걱정 마세요. 필요하다 생각되는 그 순간, 지나간 일은 잊고 지금부터 시작하면 되는 겁니다.

이렇게도 말해 보세요

Let's do it together!
우리 같이 해 봐요!

오늘의 영상 Teaching Kids to Care for Pets

요즘 반려동물을 기르는 가정이 많습니다. 강아지나 금붕어를 세심하게 돌보는 방법에 대해 배울 수 있어요. 'responsibility(책임감)'라는 단어가 실제 어떤 맥락에서 쓰이는지 자연스레 익혀 보세요.

December

6

Day 340

Staying at home all day isn't good for your health.

종일 집에만 있는 것은 건강에 좋지 않아.

겨울에 춥다고 실내에만 머물면 아이들의 건강에 좋지 않지요. 건강한 겨울을 나기 위해 야외 활동하는 시간을 꼭 만들어 보세요.

이렇게도 말해 보세요

Eating too much junk food isn't good for health.

정크푸드를 너무 많이 먹으면 건강에 좋지 않지요.

오늘의 영상 Blippi Learns How to Snowboard

Blippi 아저씨가 스노보딩 강습을 받으러 갔네요. 새하얀 눈밭에서 선생님의 지도를 받으며 즐거운 하루를 보냅니다. 스노보드를 타는 것 같은 느낌으로 시청해 보세요.

January
21
Day 21

• 복습하기 •

Day 15
What are you supposed to do today?
I'm supposed to clean the living room.

Day 16
I will prepare the meals.
I will organize the shoes.

Day 17
How about cleaning the desk today?
How about helping me with the homework?

Day 18
I don't think it's my responsibility.
I don't think it's my fault.

Day 19
It's important to focus on learning for now.
It's my job to take care of the cat.

Day 20
Let's decide our roles from now on.
Let's do it together!

오늘의 노래 My Friend Robot!

친구들이 다 함께 힘을 합쳐 나무집을 만듭니다. 흥겨운 리듬과 선율에 맞춰 신나게 노래하네요!

December

5

Day 339

It's freezing.
Can you help me
cook some hot soup?

너무 춥다. 따뜻한 수프 만드는 것 좀 도와줄 수 있겠니?

외출이 쉽지 않은 겨울에는 실내 활동이 많아집니다. 아이들과 집에서 즐길 수 있는 활동 목록을 만들어 즐거운 하루를 보내세요. 함께 맛있는 음식을 만들어 먹는 건 어때요?

이렇게도 말해 보세요

What should I do first?
먼저 뭘 하면 좋을까요?

오늘의 책   Ice Boy by David Ezra Stein

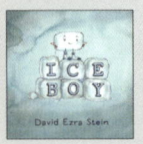

냉동실에 갇혀 누군가의 음료에 희생되는 것을 숙명으로 받아들이고 사는 아이스 큐브 부부의 아들 아이스 보이는 어느 날 스스로 냉동고를 탈출해 멋진 모험을 떠납니다. 온도에 따른 물의 변화를 재미있는 이야기로 익힐 수 있어요. 얼음의 시점에서 펼쳐지는 모험이라는 이야기 소재가 흥미로워요.

January

22

Day 22

Just try everything.

무엇이든 해 봐.

도전을 두려워 마세요. 아이의 성장은 무엇이든 시도해 보는 것에서 시작합니다. 아이에게 이 말을 건네며 엄마의 용기도 키워 보세요.

이렇게도 말해 보세요

Any challenge is good itself.
무슨 도전이든 그 자체로 좋은 거야.

오늘의 책 Be Brave Little One by Marianne Richmond

몰랐던 것들을 기꺼이 탐색해 보는 용기, 힘들어도 계속하는 용기 등 일상에서 용기가 필요한 순간들이 세밀하게 그려진 책입니다. 그림과 더불어 explore(탐험하다), keep going(계속하다) 등 다양한 일상 용어도 자연스레 익힐 수 있어요.

December
4
Day 338

Why don't we go on a winter drive?

겨울 드라이브를 하러 가는 건 어때요?

집에만 있기 답답할 때에는 아이들을 차에 태우고 겨울 드라이브를 떠나 보세요. 차가운 겨울 날씨와 대비되는 따뜻한 온기를 느낄 수 있는 곳이라면 그 어디든 특별한 추억이 될 거예요.

이렇게도 말해 보세요

Why don't we go to a movie theater?
영화 보러 가는 건 어때요?

오늘의 영상 Frog In Winter

Frog는 어느 날 아침, 창밖의 하얀 눈 세상을 마주합니다. 강추위와 꽁꽁 언 강물이 부담스러운 그에게 친구들은 겨울 활동을 마냥 행복하게 즐기는 듯 보입니다. "Winter is the most beautiful season of all!(겨울은 가장 아름다운 계절이야!)"라고 외치는 돼지의 대사를 찾아 보세요.

January
23
Day 23

Try again!
You can be anything!

다시 한 번 해 보렴! 넌 무엇이든 될 수 있어!

무한한 가능성을 가진 우리 아이들에게, 그리고 나 스스로에게 이 말을 자주 건네 보세요. 실패를 하더라도 작은 시도를 거듭하며 아이와 더불어 용기를 연습하는 하루 되시기를 바랄게요.

이렇게도 말해 보세요

I want to try again even if I fail.
실패하더라도 다시 도전하고 싶어요.

오늘의 영상 Cake Challenge

귀여운 두 친구가 케이크에 들어갈 재료를 정하는 미션을 수행하며 어른과 대화를 나눕니다. 챌린지를 따라가다 보면 저절로 일상의 회화뿐 아니라 음식 재료의 이름도 익힐 수 있답니다. 재미있는 챌린지를 좋아하는 친구들에게 좋은 영상입니다.

December

3
Day 337

I would rather enjoy hot cocoa and stay inside.

따뜻한 코코아를 즐기며 집에 있는 게 더 낫겠어.

따뜻한 아랫목에서 이불을 덮고 군고구마를 먹으며 추위를 달랠 때의 온기가 기억나시나요? 그 모든 경험들이 아이에게 자신만의 스토리를 만들어 주는 특별한 추억이 될 것입니다.

이렇게도 말해 보세요

I would rather watch some movies inside.
저는 집에서 영화나 볼래요.

오늘의 책   Ice-Cold Birthday by Maryann Cocca-Leffler

매사에 늘 운이 따르지 않는 주인공 친구는 생일만큼은 좋은 날이 되기를 간절히 바랍니다. 그런데 하필 당일 갑작스런 눈 폭풍 소식이 들려옵니다. 주인공의 불운은 반전될 수 있을까요?

January
24
Day 24

If you don't try anything, nothing will happen.

아무것도 하지 않으면 아무 일도 일어나지 않을 거야.

생각만 하는 것처럼 어리석은 것은 없어요. 좋은 책을 읽건, 재미난 아이디어가 생각나건 떠오르는 영감을 아이와 함께 실천해 보세요. 실행력은 인생 최고의 가치 중 하나입니다.

이렇게도 말해 보세요

If you try, you can be anything.
(무언가를) 해 본다면, 엄마는 무엇이든 될 수 있어요.

오늘의 책 Today I Will Fly! by Mo Willems

하늘을 날고 싶은 Piggie와 결코 날지 못할 거라며 으름장을 놓는 Gerald. Gerald의 은근한 방해에도 불구하고 끊임없이 도전하던 그녀는 결국 하늘을 날게 되네요. 작가의 유머가 고스란히 담겨있는 재미있는 그림만으로도 내용이 쏙쏙 이해될 것입니다.

December

2

Day 336

Just tell me what you want to do.

하고 싶은 걸 말해 보렴.

아이에게 무엇을 하게 해 줄까 생각하기 이전에 아이가 무엇을 하고 싶은지 물어보세요. 우리가 알지 못하는 사이에 전자는 수동적, 후자는 능동적인 태도를 길러 줍니다.

이렇게도 말해 보세요

I want to learn how to snowboard!
스노보드 타는 법을 배우고 싶어요!

오늘의 영상 Winter Activities

겨울을 가장 좋아하는 빨간 티셔츠 아저씨가 스노 에인절(snow angel) 만들기(아무도 밟지 않은 소복한 눈밭에 누워 팔을 위아래로 쭉 뻗어 천사 날개를 만드는 활동), 눈싸움, 눈사람 만들기 등 다양한 겨울 활동에 대해 재미있게 설명해 줍니다.

January
25
Day 25

I believe you can do it.

난 네가 할 수 있을 거라 믿어.

'너를 믿어'라는 말보다 아이를 자라게 하는 말이 또 있을까요? 아이의 존재 자체를 믿어 주는 말은 아이의 평생에 가장 큰 힘이 될 거예요.

이렇게도 말해 보세요

I believe you will be with me.
저와 함께 해 주실 거라 믿어요.

오늘의 영상 Boo-hoo, I'm Scared!

친구들에게 겁쟁이라 놀림을 받는 것이 싫어 용감한 척을 하는 Pororo는 사실은 두려운 마음이에요. 동굴 탐험에 나서는 친구들에게 무슨 일이 벌어질까요? 친구들에게 나약한 모습을 보이기 싫었던 경험이 있다면 Pororo의 이야기가 더욱 와닿을 거예요.

December 1

Day 335

It's too cold to play outside!

밖에서 놀기엔 너무 춥구나!

이제 벌써 올해의 마지막 달입니다. 단풍 가득 절정을 이루었던 늦가을의 정취는 어느덧 사라지고 따뜻한 온기가 그리워지는 계절이 돌아왔습니다. 추위가 심해져 외출이 힘든 날에는 무엇을 하며 하루를 보내면 좋을지 아이 의견을 잘 들어 보세요.

이렇게도 말해 보세요

How about playing a board game at home?
집에서 보드게임을 하면 어떨까요?

오늘의 책 — There Was a Cold Lady Who Swallowed Some Snow by Lucille Colandro

빨간 코트를 입은 여자가 무슨 일인지 눈을 한 움큼 먹습니다. 그리고는 발가락을 따뜻하게 하기 위해 이상한 물건들을 입에 넣네요. 반복되는 아래의 구절과 함께 여자의 뱃속을 상상해 보세요. "I don't know why she swallowed some snow.(그녀가 왜 눈을 삼켰는지 모르겠네.)"

January

26
Day 26

If you're not ready, I'll wait.

준비가 안 되었다면 기다릴게.

무엇에든 도전할 수 있도록 용기를 주는 것도 좋지만, 아이가 주저할 때 그 마음에 공감하고 존중해 주는 것도 필요합니다. 감정이 충분히 존중받은 아이들은 훗날 회복탄력성과 공감 능력이 높습니다.

이렇게도 말해 보세요

Thanks for waiting. Here I go!
기다려 줘서 고마워요. 이제 시작해요!

오늘의 책 Is Everyone Ready for Fun? by Jan Thomas

덩치 큰 소 세 마리가 닭의 작디작은 소파 하나를 가지고 세상 재미있게 놀 방법을 알려줍니다. 선명한 그림과 더불어 펼쳐지는 간결하고 유머러스한 대화가 자연스레 반복되며 아이들의 시선을 사로잡습니다. 저절로 따라 말하기를 유도하는 신나는 책이네요.

December

Winter

12월에는 겨울에 나누면 좋을 말들을 담았습니다. 눈썰매, 스키 등 재미있는 활동을 하거나 잠자리에 들기 전에, 크리스마스 날, 지난 한 해를 돌아보며 즐거운 대화 시간을 가져 보세요.

Winter Activities 1
Winter Activities 2
Bedtime Story
Christmas Day

January

27

Day 27

Don't let it just be a dream.

꿈으로만 두지 말기 바란다.

좋은 생각이 있다면 꿈으로만 남겨두지 마세요. 실현한다는 것은 그리 높은 벽이 아닙니다. 아이 교육도, 엄마의 성장에 대한 좋은 영감을 얻었다면 오늘부터 매일의 삶에서 실현해 보세요.

이렇게도 말해 보세요

Make it real.
현실로 만드세요.

오늘의 영상 Bravery & Courage

용기(bravery/courage)가 무엇인지에 대한 외국 친구들의 이야기를 한번 들어 보세요. 어린이다운 순수한 생각을 듣다 보면 용기의 가치를 느낄 수 있어요.

November **30**

Day 334

• 자녀교육 칼럼 •

"I love the cool wind on the peak."

　인생은 마치 등산과도 같습니다. 위험이나 고난을 대비해 미리 준비하듯 중간에 마실 물과 음식을 미리 챙겨야 합니다. 정상에 오르기까지 그 많은 고통과 난관을 받아들이지 않고 정상을 정복하는 기쁨을 누릴 수 있을까요? 누구에게나 살아가는 내내 시련과 고통이 존재합니다.

　육아도 마찬가지입니다. 갓난아이를 품에 얻자마자 능숙한 부모가 되는 사람은 없습니다. 밤새 열이 나는 아이를 간호하기 위해 진땀을 흘려 본 경험, 잘되라고 애지중지 공부시키지만 딴 곳을 쳐다보는 아이로 인해 낙심한 경험, 정성들여 준비한 음식을 거들떠보지도 않는 아이로 인해 좌절한 경험, 말대꾸하는 아이에게서 받은 깊은 실망감을 느껴 보지 않고 부모가 될 수 있을까요?

　우리는 인생의 긴 항로에서 가장 큰 도전을 하고 있습니다. 그 모든 노력과 사랑은 언젠가 육아의 산을 넘는 정상에서 시원한 한 줄기 바람으로 돌아올 것입니다. 그거면 되었지요.

January

28
Day 28

• 복습하기 •

Day 22
Just try everything.
Any challenge is good itself.

Day 23
Try again! You can be anything!
I want to try again even if I fail.

Day 24
If you don't try anything, nothing will happen.
If you try, you can be anything.

Day 25
I believe you can do it.
I believe you will be with me.

Day 26
If you're not ready, I'll wait.
Thanks for waiting. Here I go!

Day 27
Don't let it just be a dream.
Make it real.

오늘의 노래 ### Try Everything

영화 〈주토피아〉의 주제가를 들으며 중간에 나오는 대사를 신나게 외쳐 불러 보세요. 가사가 너무 빨라 따라 부르기 힘들다면 'Try Everything' 을 외쳐 보세요. 이 문장 하나로 온 가족이 하나 될 수 있어요.

November
29
Day 333

• 엄마표 영어 Q&A •

Q. 영상이나 그림책을 하루에 얼마나 봐야 하나요?

 엄마표 영어에 대해 강의하면서 가장 많이 들었던 질문 중 하나입니다. 부모인 우리 세대는 단어나 문장 패턴을 암기하며 일정한 규칙이나 방법에 따라 공부를 해왔기에 눈에 보이는 로드맵이 없으면 불안해지기 쉽습니다. 따라서 원어민처럼 '하루에 몇 권?'이나 '하루 몇 시간?'이라는 궁금증은 늘 엄마들의 큰 과제로 여겨지곤 합니다. 결론부터 말씀드리자면, 매일 영어를 즐기는 일상의 루틴을 만들 수 있다면 그런 정확한 규칙이 꼭 필요하지는 않습니다.

 대신 조건이 있습니다. 적어도 아이의 영어가 편해지고 외국인이 두렵지 않은 영어를 위해서는 아이의 흥미와 성향에 맞추어 제공되는 '꾸준한' 영어 노출은 필요합니다. 그것이 최선책인 원어민과의 소통 환경이든, 최선의 차선책인 영어 영상 노출이든 말이지요. 그리고 아이가 자유로이 영어를 즐기는 시간이 적어도 2~3년 계속 지속될 거라면 괜찮습니다. 그런데 잠시만 시도하다가 다시 포기한다면 큰 변화는 기대하지 말아야 되겠지요.

January

29
Day 29

• 엄마표 영어 Q&A •

Q. 영어를 못하는데 엄마표 영어, 할 수 있을까요?

아이가 영어를 잘해 타국의 문화를 교류하고 소통할 수 있게 된다면 더할 나위 없이 좋겠지요. 소통의 기본은 듣기이므로 처음에는 들리는 영어를 가장 우선적인 목표로 삼아 지속적으로 환경을 마련해 주신다면 엄마가 영어를 잘하지 못해도 가능합니다. 실제로 수많은 사례를 직간접적으로 겪어본 바, 아이가 엄마보다 영어를 더 잘하게 되었다는 후기가 정말 많았습니다. 아이가 좋아하는 콘텐츠를 아이가 선택해 주도적인 루틴으로 잡아갈 수 있다면 아이는 어느새 스트레스 없이 진짜 영어를 저절로 습득할 수 있어요. 오히려 영어를 잘하는 엄마가 느린 아이를 용납하기 힘들어 엄마표 영어 진행에 어려움을 겪는 경우가 많습니다.

생생한 맥락과 더불어 대화가 쏟아져 나오는 영어 영상이나 책의 스토리를 이제는 어디서나 쉽게 접할 수 있습니다. 가르치는 영어가 아닌 많이 들으며 함께 배우는 영어로 목표를 재정비해 보세요. 학습이 필요한 시기에는 좋은 선생님을 만나게 해 주어도 좋지만 적어도 처음 2, 3년은 엄마가 충분히 가능하니까요.

November
28
Day 332

• 복습하기 •

Day 326
I'm grateful that you are my son.
I'm thankful that you are my mom.

Day 327
Let's give thanks for the food we have on the table.
Thank you for all the food for me every day.

Day 328
Shall we take a moment to express our gratitude?
I can say what I'm thankful for.

Day 329
I am thankful for the memories we've made this year.
I love this time of year because of the memories.

Day 330
We should think about how we can help others.
I agree. I will think about it!

Day 331
It's important to share our blessings with others.
I'm so blessed you are my mom.

오늘의 노래 Thankful

감사와 관련된 세 가지 아름다운 말, thankful(고마운), grateful(감사하는), appreciate(고맙게 여기다)을 가사를 통해 반복해 들으며 배워 보세요. 중간에 속삭이듯 나오는 가사, "So what are you thankful for?(당신은 무엇에 감사하나요?)"라는 질문에 서로 답하며 행복한 시간을 가져 보세요.

January
30
Day 30

• 엄마표 영어 Q&A •

Q. 영어유치원에 보내지 못해서 속상해요. 엄마표 영어로 대체가 가능할까요?

조기 영어 교육 열풍 속에서 영어유치원은 영어에 자유로운 아이로 키우고 싶은 부모들의 마음을 끊임없이 흔들고 있습니다. 그러나 모국어 습득 방식인 엄마표 영어의 시각에서 바라보는 영어유치원은 시간과 비용 대비 상당히 비효율적입니다. 대학 등록금보다 더 비싼 수업에서 아이가 얻을 수 있는 것은 고작 유아 수준의 영어일 뿐이지요. 물론 원어민을 만나게 해 주는 것이 최고의 영어 교육 환경이겠지만, 실제 해외에서 살지 않는 이상 쉽지가 않습니다. 차라리 아이들의 진짜 언어력의 근본인 우리말 모국어 환경에 더욱 신경 쓰며 꾸준히 양질의 영어 콘텐츠를 제공해 주는 엄마표 영어가 비용과 시간 대비 효과가 훨씬 크다고 생각합니다.

엄마와의 따뜻한 정서적 관계는 물론이고 영어유치원 교실 내 언어 수준을 훨씬 상회하는 생생한 영어 콘텐츠들의 힘은 비교하기 힘듭니다. 꼭 원어민 수업이 필요하다면 주 1, 2회 화상 영어 수업으로 보완하는 것이면 충분합니다.

November
27
Day 331

It's important to share our blessings with others.

우리 복을 다른 사람들과 나누는 것이 중요해.

부모가 된다는 것은 나만 알던 삶에서 나와 다른 존재인 자녀에게 온전한 사랑을 베푸는 삶으로의 변화입니다. 아이를 위해서라도 엄마인 나부터 축복을 나누는 삶을 보여 주세요. 아이들은 언젠가 엄마의 존재가 축복이라고 고백할 날이 올 거예요.

이렇게도 말해 보세요

I'm so blessed you are my mom.
엄마가 우리 엄마라서 나는 축복받았어요.

오늘의 영상 A Moving Story about Gratitude

감사하는 것, 혹은 감사하는 사람에 대해 그림을 그려 발표하는 아이들의 모습이 너무도 사랑스럽습니다. 영상 초반에 선생님이 하시는 말씀에 밑줄을 긋고 싶네요. "Taking the time for gratitude is so important for our peace of mind and our happiness.(감사의 시간을 갖는 것은 우리 마음의 평화와 행복에 너무나 중요합니다.)"

January

31

Day 31

• 자녀교육 칼럼 •

"Try everything!"

어느덧 또 다른 새해가 찾아왔습니다. 날이 갈수록 예측 불가능한 미래가 성큼성큼 다가오고 있는 만큼 불안한 마음이 들 수도 있겠지요? 하지만 보는 사람의 관점에 따라 이전보다 더 좋은 발전의 기회를 만들 수 있어요.

영화 〈주토피아〉 주제가의 후렴구로 유명한 이 말, 'Try everything!'은 무한한 가능성을 지닌 우리 모든 아이들에게 건네는 말이 아닐까 합니다. 'I wanna try even though I could fail'이라는 노래 가사에는 아주 중요한 메시지가 담겨있어요. 아이들의 긴긴 인생에서 꼭 필요한 회복탄력성의 절정은 실패에 대한 두려움을 극복하는 용기입니다. 아이들이 자라면서 부모로부터 가장 많이 듣게 되는 말이 '너는 완벽해야 해!'가 아닌 '실패해도 괜찮아. 엄마가 언제까지나 널 믿고 사랑하니까'라는 말이면 좋겠어요. 부모의 믿음과 사랑만큼 아이는 자랄 것입니다.

November
26

Day 330

We should think about how we can help others.

우리는 어떻게 다른 사람들을 도울 수 있을지 생각해야 해.

감사한 마음은 더 힘든 사람들에 대한 배려심으로 이어지기 마련입니다. 아무리 힘들어도 더 힘든 환경에 처한 사람들을 생각하는 가족 문화를 만들어 보세요. 언젠가 사람들을 널리 이롭게 하는 세상의 멋진 리더가 될 우리 아이를 꿈꾸면서요!

이렇게도 말해 보세요

I agree. I will think about it!
동의해요. 저도 생각해 볼게요!

오늘의 책 Let's BEE Thankful by Ross Burach

가을 놀이 목록에서 호박에 색칠하기만을 남겨 놓은 두 친구 Bumble과 Bee는 간절한 마음으로 호박을 소망한다고 세 번이나 외칩니다. "We wish for a pumpkin!!" 그런데 알고 보니 친구 Froggy가 호박과 애플파이 요리를 준비하고 있었네요. 만화 같은 구성에 짧은 대화체가 많아 역할놀이를 하기 좋은 책이에요.

February

Daily Life 1

2월에는 일상에서 주고받는 말들을 담았습니다. 아침에 일어나서 밤에 잠이 들기까지, 아이와 엄마의 하루 루틴을 떠올리며 대화를 시작해 봅시다.

Morning
Noon and Afternoon
Evening and Night
Meal Time

November
25
Day 329

I am thankful for the memories we've made this year.

올해 우리가 만든 추억에 감사해.

추억만큼 감사한 선물이 또 있을까요? 아이와 함께하는 일상이 때로는 힘들고 지치지만, 지나고 나면 다시 오지 않는 소중한 추억이 됩니다.

이렇게도 말해 보세요

I love this time of year because of the memories.
저는 추억 때문에 일 년 중 이맘때를 좋아해요.

오늘의 영상 Gratitude

"Can you see something that makes you happy?(너를 행복하게 하는 것들이 보이니?)" 하필 치약을 옷에 흘리고, 먹으려던 바나나를 뺏겨 속상한 아이의 마음을 알아챈 엄마는 감사할 것들에 주목하게 하기 위한 보물찾기(scavenger hunt) 놀이를 제안합니다.

February 1

Day 32

Good morning! It's time to get up!

좋은 아침! 일어나야 할 시간이네!

따스한 햇빛이 창가에 들어오면 커튼을 젖히며 부드럽게 말해 주세요. 일어나기 힘든 아이의 등을 토닥이며 부드럽게 입맞춤하며 건네는 인사에 아이는 곧 환한 미소를 보여 줄 거예요.

이렇게도 말해 보세요

Good morning! Listen to the birds!
좋은 아침이에요! 새 소리를 좀 들어 보세요!

오늘의 책   What Sound Is Morning? by Grant Snider

'들어 보렴(Listen)'으로 시작해 다양한 아침의 소리를 엄마의 마음으로 소개해 주는 책이에요. 고요한 아침을 깨우는 소리가 주는 새벽녘의 감성을 아이와 함께 상상하며 느껴 보세요.

November
24
Day 328

Shall we take a moment to express our gratitude?

감사를 표현하는 시간을 가져 볼까?

감사하는 마음을 표현하지 않는 것도 습관이 됩니다. 감사를 표현하는 습관을 만들어 보세요. 그 어떤 학습 습관보다 삶을 풍요롭게 하는 강력한 힘이 될 거예요.

이렇게도 말해 보세요

I can say what I'm thankful for.
저는 무엇에 감사한지 말할 수 있어요.

오늘의 책 The Thankful Book by Todd Parr

"I'm thankful for my hair because…(내 머리카락에 감사한 이유는…)"로 시작해 "I'm thankful for holidays because…(공휴일들에 감사한 이유는…)"로 끝나는, 감사가 가득한 책이에요. 아이의 눈에서는 세상에 감사한 일이 이렇게 많을 수 있다니 감동적입니다.

February 2

Day 33

It's gonna be a wonderful day!

오늘은 아주 멋진 날이 될 거야!

사랑하는 엄마에게 아이가 햇살 같은 미소를 지어줄 때 이렇게 말해 보세요. 근심도 걱정도 없는 행복한 어린 시절 엄마가 웃으며 건네주는 이 따뜻한 말로 아이는 살아가는 내내 힘을 낼 수 있을 거예요.

이렇게도 말해 보세요

It's gonna be a fantastic day!
아주 끝내주는 날이 될 거예요!

오늘의 영상 Caillou's School Morning Routine

"Good morning!" "It's time to get up." "You don't want to be late." 등 아침에 아이를 깨우며 오가는 일상 회화와, "Are you ready for your first day back at school?"과 같은 여름이 지나 새 학기가 시작되는 미국의 'back to school' 첫째 날의 일상 속 언어도 함께 배울 수 있어요.

November
23

Day 327

Let's give thanks for the food we have on the table.

우리 식탁 위의 음식에 감사하자.

식탁 위의 음식 재료가 어떤 과정으로 만들어지는지 가르쳐 주세요. 농부의 땀과 상인들의 노동, 그리고 부모님이 힘들게 번 돈과 요리로 식탁 위에 오르게 된 음식의 가치를 알게 되면 어려서부터 감사를 배울 수 있어요.

이렇게도 말해 보세요

Thank you for all the food for me every day.
매일 주시는 모든 음식에 감사해요.

오늘의 영상 Thanksgiving Story

미국에서 가장 중요한 공휴일 중 하나인 추수감사절을 설명해 주는 영상입니다. 1620년, 처음 미 대륙에 도착한 영국인들(pilgrims)이 역경을 이겨내고 첫 번째 식량을 수확하게 되기까지의 드라마 같은 여정이 아이들이 이해하기 쉬운 짧고 간결한 애니메이션과 내레이션으로 담겨있어요.

February

3
Day 34

Come on!
Go and wash your face.

어서 가서 세수하자.

아침에 아이가 스스로 세수를 하도록 지도할 때는 부드럽게 말해 주세요. 일어나기 싫어 꾸물거리는 아이를 향해 큰소리치고 싶은 마음을 살짝 억눌러 부드럽고 단호하게 말하는 연습을 해 봅시다.

이렇게도 말해 보세요

Come on! Let me eat breakfast!
어서 아침 먹게 해 주세요!

오늘의 책 One Monday Morning by Uri Shulevitz

매일 같이 집을 비운 아이를 찾아오는 왕과 왕비 일가의 방문 일기입니다. 간결하고 반복되는 문장으로 요일과 직업 용어에 대해서도 배울 수 있어요. 흥미를 일으키는 큼직한 그림으로 상상의 나래를 펼칠 시간을 주시는 것을 잊지 마세요.

November
22
Day 326

I'm grateful that you are my son.

엄마는 네가 내 아들이어서 감사해.

부모에게 최고의 감사는 자녀의 존재 그 자체입니다. 더 이상 무슨 조건이 필요할까요? 서로의 존재를 향해 감사의 인사를 나누어 보세요. 그만큼 가족의 행복은 더해질 거예요.

이렇게도 말해 보세요

I'm thankful that you are my mom.
엄마가 우리 엄마여서 감사해요.

오늘의 책 A Thank You Walk by Nancy Loewen

Duke와의 행복한 산책길에 함께 해 보세요. "They're saying thank you for the seeds!(씨앗을 주어서 고맙다고 말하네!)" "She's saying thank you for the treat!(간식을 주어서 고맙다고 말하네!)" 반려견 Duke뿐 아니라 새, 말, 벌레 등 만나는 모든 동물들이 감사를 표현해 주네요.

February 4

Day 35

Have you brushed your teeth?

양치했니?

이제 다 마쳤는지(끝냈는지)를 묻는 'Have you~'로 시작하는 패턴의 말들을 배워 사용해 보세요. 자연스레 맥락에 따른 뉘앙스를 익힐 수 있을 거예요.

이렇게도 말해 보세요

Have you put on your clothes?
옷 다 입었죠?

오늘의 영상 Good Morning Daniel

행복감을 주는 노래와 가족의 일상 언어 자극이 풍성한 Daniel Tiger의 아침 루틴 영상입니다. 스스로 등교 준비를 하는 Daniel의 씩씩한 모습과 노래를 통해 즐거운 일상 언어를 배워 보세요.

November
21
Day 325

• 복습하기 •

Day 319
Shall we go out to eat today?
Shall we go to a Chinese restaurant?

Day 320
I'm starved! I'm just hungry like a wolf!
This food smells so good even if it's not cooked yet.

Day 321
Do you see a table for four here?
Here is a table for four.

Day 322
I'll have a dish of seafood spaghetti.
I'd like the onion soup and the grilled fish.

Day 323
The food is getting cold! Hurry up!
I'm coming! Wait for a second!

Day 324
Tonight we will snack on some corn.
Can I try some of the other food?

오늘의 노래 ## Enjoy Your Meal

가족을 위해 요리를 하는 Henry와 Emma, 그리고 강아지 Barky. 그들이 완성한 음식이 그리 맛있게 보이지는 않습니다. 결국 온 가족이 함께 만들어야 제대로 된 음식을 맛볼 수 있네요. put(넣다), stir(젓다), enjoy your meals!(맛있게 드세요!) 등의 표현을 배우며 노래도 즐겁게 불러 보세요.

February 5

Day 36

Can you comb your hair?

머리 빗을 수 있겠니?

아침의 바쁜 일상에서 등원 준비로 조급한 마음을 가지면 엄마가 필요 이상으로 자꾸 돕게 됩니다. 그러나 아이들이 스스로 할 수 있는 부분은 가능한 혼자 해 볼 기회를 주세요. 내면이 단단한 아이로 자라게 될 것입니다.

이렇게도 말해 보세요

I'm done! I'm ready.
다했어요. 준비 다 되었어요.

오늘의 책

Maisy's Morning on the Farm
by Lucy Cousins

농장에서 아침을 맞이하는 Maisy의 분주한 일상을 나지막이 읽어 주세요. 동물에게 먹이를 주고 우유를 짜며 활기찬 아침을 보낸 이후 먹는 식사 시간이 상쾌하게 그려집니다. 아침에 아이를 부드럽게 깨울 때 읽어 주면 좋겠지요?

November
20
Day 324

Tonight we will snack on some corn.

오늘 밤 간식으로 옥수수 먹을 거야.

가족이 즐기는 식사와 간식 메뉴는 거의 비슷할 때가 많습니다. 아이가 여럿인 경우 식사나 간식 메뉴를 가지고 다툼이 일어나는 경우가 많지요. 가끔씩은 다른 메뉴를 선택할 기회를 줘 보시면 어떨까요?

이렇게도 말해 보세요

Can I try some of the other food?
저는 다른 거 먹어도 돼요?

오늘의 영상 5 Homework Snacks Kids Can Make!

아이들이 만들 수 있는 간식 요리 5가지를 소개합니다. Popcorn, Pop Tart, Fruit Dip 등을 만들어 보세요. 반복 시청하며 요리를 시도하면 영미권 친구들이 자주 먹는 간식 문화와 요리법도 배우면서 pour(붓다), fold(접다), lay down(내려놓다) 등이 포함된 영어 표현을 저절로 익힐 수 있을 것입니다.

February

6

Day 37

Good luck at school!

학교에서 잘 지내길!

아침에 일어나 준비를 마친 후 문밖을 나설 때에는 비로소 하루가 시작되는 느낌입니다. 가족 모두가 힘찬 하루를 응원하는 마음과 미소 가득한 얼굴로 아이를 세상에 내보냅시다.

이렇게도 말해 보세요

Have a good day!
좋은 하루 되세요!

오늘의 영상 The LaBrant Family 4 Kids Morning Routine!

네 자녀와 더불어 아침을 깨우는 일상이 자연스러운 브이로그 영상으로 그려집니다. 아이들과 나누는 대화의 현장을 함께하다 보면 어느새 마치 외국 가정집에 와있는 듯 자연스러운 일상 표현을 익힐 수 있어요.

November
19
Day 323

The food is getting cold! Hurry up!

음식 다 식는다! 어서 와!

식사 준비가 다 되었는데 바로 오지 않는 가족들 때문에 힘든 경우는 없으신가요? 아이들이 식사 때마다 엄마에게 가장 많이 듣는 말 중 하나가 아닐까요?

이렇게도 말해 보세요

I'm coming! Wait for a second!
곧 가요! 조금만 기다려 주세요!

오늘의 책 I Will Never Not Ever Eat a Tomato
by Lauren Child

편식이 심한데다가 토마토는 절대 안 먹겠다는 동생 Lola에게는 참 좋은 오빠 Charlie가 있어요. 몸에 좋은 음식을 어떻게 해서든 먹이고 싶은 간절한 부모의 마음이 무색하게 그는 간단하고 기발한 해결책을 알려 줍니다. 편식으로 고민하는 가정에는 꼭 두어야 할 책이에요.

February

7

Day 38

• 복습하기 •

Day 32
Good morning! It's time to get up!
Good morning! Listen to the birds!

Day 33
It's gonna be a wonderful day!
It's gonna be a fantastic day!

Day 34
Come on! Go and wash your face.
Come on! Let me eat breakfast!

Day 35
Have you brushed your teeth?
Have you put on your clothes?

Day 36
Can you comb your hair?
I'm done! I'm ready.

Day 37
Good luck at school!
Have a good day!

오늘의 노래 **Good Morning Song**

신나는 리듬과 따라 하기 쉬운 가사의 아침송입니다. 아침에 아이가 잠에서 깨어 움직이기 시작할 무렵 들으며 등원이나 등교 준비를 하면 너무 좋을 것 같아요. 자, 모두 행복한 하루 되세요!

November
18
Day 322

I'll have a dish of seafood spaghetti.

엄마는 해산물 스파게티 먹을 거야.

먹는다는 표현으로 eat 외에 have 동사를 사용할 때가 종종 있습니다. A cup of coffee, a dish of spaghetti, two spoons of sugar 등 단위를 사용해서 양을 말하는 연습도 해 보세요.

이렇게도 말해 보세요

I'd like the onion soup and the grilled fish.
저는 양파 수프랑 구운 생선 요리요.

오늘의 영상 Caillou at the Restaurant

부모님과 함께 근사한 레스토랑에 방문한 Caillou는 집과는 다른 생소한 환경에 즐겁기도 하고 당황스럽기도 합니다. "Mommy, I can't see anything!(엄마, 아무것도 안 보여요!)"라며 무릎으로 앉으려 하자 때마침 웨이터 아저씨가 booster seat(키높이 보조 좌석)를 가져옵니다.

February

8

Day 39

Shall we lay down for a nap?

우리 낮잠 자게 좀 누울까?

낮잠을 재우는 것은 엄마의 오후 루틴 중 하나입니다. 활기 넘치는 아이들과의 일상에서 잠시 동안의 휴식을 통해 엄마도 충전하는 시간을 가져 보세요.

이렇게도 말해 보세요

Sure! Without a nap, I would be tired.
네! 낮잠을 안 자면 힘들 거예요.

오늘의 책 The Napping House by Audrey Wood

낮잠을 자고 있는 집이라니, 호기심에 왠지 제목만 보아도 책장을 어서 넘겨 보고 싶습니다. 비 내리는 오후, 따뜻하고 편안한 분위기에서 깊은 잠에 빠진 할머니와 아이, 그리고 두 사람 위에 올라 함께 잠이 든 동물들. 이들이 함께하는 평화로운 시간은 과연 어떻게 끝날까요?

November
17
Day 321

Do you see a table for four here?

네 명이 앉을 자리 보이니?

예약을 받는 식당이 아닌 경우 문 앞에서 투명 창을 통해 사람이 얼마나 있는지 미리 확인해 보는 경우가 많습니다. 자리가 없을 때에는 순서대로 기다려야 한다는 매너를 알려 주세요.

이렇게도 말해 보세요

Here is a table for four.
네 명 자리 여기 있어요.

오늘의 책 Froggy Eats Out by Jonathan London

Froggy 가족이 엄마 아빠의 결혼기념일을 맞아 외식을 합니다. 식사 중 엄마가 계속 주의를 주는 말, "Be neat(깔끔하게 있자), Be quiet(조용히 하고), Don't put your feet on the table!(테이블 위에 발 올리지 말아야 해!)" 이 세 가지 규칙은 장난꾸러기 Froggy에게 조금 버겁습니다.

February

9

Day 40

What about playing Hide and Seek?

숨바꼭질을 하면 어떨까?

숨바꼭질만큼 아이가 좋아하는 놀이가 있을까요? 무언가를 발견하는 행위는 아이에게 늘 놀이의 기쁨을 제공합니다. 아이의 삶이 내면에 숨겨진 좋은 것을 발견하는 즐거움이 끊이지 않는 여정이 되기를 바랍니다.

이렇게도 말해 보세요

What about playing with dolls?
인형 놀이를 하면 어떨까요?

오늘의 영상 Give a Dog a Blok

친구들과 블록 놀이를 할 때만큼 재미있을 때가 없어요. 블록 친구들의 대화에서, "You're going so fast all your blocks fell off!(네가 너무 빨리 가서 블록들이 다 떨어지네!)"와 같은 표현을 배울 수 있어요.

November
16
Day 320

I'm starved! I'm just hungry like a wolf!

너무 배고파! 배고픈 늑대처럼 굶어 죽을 지경이야!

정말 너무 너무 배가 고플 때에는 음식이 나오기 전까지의 짧은 기다림이 버겁게 느껴질 때가 있습니다. 맛있는 냄새가 가득한데 마냥 기다리는 것이 가혹하게 느껴질 때 이렇게 한번 말해 보세요.

이렇게도 말해 보세요

This food smells so good even if it's not cooked yet.
요리가 아직 안 되었는데도 음식 냄새가 기가 막히네요.

오늘의 영상 Hakuna Matata

근심 걱정 없이 하루하루 즐기는 것을 삶의 모토로 살아가는 동물들의 신나는 노래 속 Simba의 대사, "I'm starved! I could eat a whole zebra!(배고파 죽겠네! 얼룩말 한 마리를 통째로 먹을 수 있을 것 같아!)"를 한번 찾아 보세요.

February

10

Day 41

Do you have to do that right now?

그거 지금 꼭 해야겠니?

아이의 하교 후에 엄마의 일상에서 자주 할 수 있는 말입니다. 하교 후에 숙제나 공부를 먼저 하고 놀면 좋을 텐데 아이들의 마음은 일단 쉬고만 싶습니다. 아이가 그렇다고 하면 눈감아 주세요. 충분히 휴식하고 놀아야 공부도 잘 할 수 있어요.

이렇게도 말해 보세요

Do you have to go right now?
지금 꼭 가야 해요?

오늘의 책

Biscuit and the Lost Teddy Bear
by Alyssa Satin Capucilli

강아지 Biscuit과 소녀가 길을 걷다가 우연히 곰 인형(teddy bear)을 발견하고는 함께 주인을 찾아 주려 나섭니다. 반복되는 이 말을 아이와 큰 소리로 읽어 보세요. "Is this your teddy bear?" 영어를 처음 접하는 친구들에게 Biscuit 시리즈를 추천합니다.

November
15
Day 319

Shall we go out to eat today?

오늘 외식할까?

가사 노동에서 벗어나 육아로 지친 몸을 회복할 기회를 스스로에게 주세요. 꼭 값비싼 외식이 아니어도 됩니다. 행복은 크기보다 빈도랍니다.

이렇게도 말해 보세요

Shall we go to a Chinese restaurant?
중국 음식점으로 갈까요?

오늘의 책 More Pies! by Robert Munsch

먹성 좋은 Samuel은 아침부터 많은 양의 음식을 먹었는데도 여전히 배가 고프다고 합니다. 결국 공원에서 열리는 파이 먹기 대회에 참가하게 되는데요. 그의 고픈 배는 채워질 수 있을까요?

February 11

Day 42

Can you put away all the blocks by yourself?

블록들을 혼자 다 치울 수 있겠니?

아이를 키울 때 빠질 수 없는 육아 아이템은 블록입니다. 아이가 신나게 블록 놀이를 할 때에는 영어 노래와 같은 영상 콘텐츠의 소리를 배경으로 살짝 틀어놔 주세요. 그리고 놀이가 끝나면 이렇게 말하며 스스로 정리하는 습관을 들여 보세요.

이렇게도 말해 보세요

Can you help me tidy up the playing area?
놀던 자리 정리 좀 도와주실 수 있어요?

오늘의 영상 Kids Playing with Blocks Building

아빠가 아이와 함께 블록 놀이를 하며 끊임없이 말을 걸어 줍니다. 아이가 블록 놀이를 할 때 보여 주면 마치 외국인 아빠가 생긴 것처럼 즐거운 언어 자극을 받아들일 수 있어요. 영어 실력에 자신 없는 엄마 아빠 대신 즐겁고 유익한 Babysitter(베이비시터) 영상이 될 것입니다.

November
14
Day 318

• 복습하기 •

Day 312
Shall we walk to grandma's house today?
Can't we take the car?

Day 313
How do you usually go to school?
I usually take the bus.

Day 314
Do you know when the next train is coming?
The sign says it's coming in two minutes.

Day 315
Where can we get the bus going in the opposite direction?
Where can we find the sign for the right way?

Day 316
Can I give you a ride to school?
It's too late! Can you take me to school by car?

Day 317
I want to travel by plane.
Where would you like to travel to?

오늘의 노래 ## We All Go Traveling By

아이들과 다양한 교통수단으로 즐겁게 노래를 부르며 여행을 떠나 봅시다. 특히 다양한 교통수단이 내는 rumble-rumble(트럭), beep-beep(버스), chuff-chuff(기차), ring-ring(자전거) 등 의성어가 재미있습니다. 계속 반복되며 점점 빨라지는 선율이 너무나 흥겹습니다.

February 12

Day 43

You're not allowed to jump inside the house.

집안에서는 뛰면 안 돼.

왕성한 에너자이저 아이들은 오후에도 흥분하며 뛰어놀고 싶을 때가 많아요. 층간 소음으로 곤란한 일을 겪지 않도록 평소에 교육을 시켜 둘 필요가 있습니다. 'allowed'라는 단어는 아이들 책에서 자주 나오는 단어입니다. 평소에 자주 사용해 보세요.

이렇게도 말해 보세요

Am I allowed to go out now?
이제 나가도 되나요?

오늘의 책 Two Crazy Pigs by Karen Berman Nagel

Fenster 농장에 살고 있는 두 마리의 Crazy Pigs는 농장에서 짓궂은 장난을 일삼아 주인에게 쫓겨납니다. 하지만 옮겨간 농장의 주인인 Henhawk 씨 부부는 그런 장난을 다 받아줄 뿐 아니라 놀 수 있는 공간까지 마련해 줍니다. 아이들이 우리 부모님도 그랬으면 좋겠다며 대리 만족할 수 있게 해 주는 책입니다.

November
13
Day 317

I want to travel by plane.

비행기 타고 여행하고 싶구나.

엄마표 영어를 하는 가족들의 목표는 무엇일까요? 국내를 벗어나 세계의 친구들과 소통하기 위한 마음이 가장 크겠지요? 매일 즐거운 콘텐츠 비행기를 타 봅시다. 드넓은 세계에서 마음껏 꿈을 펼치는 친구들이 되기 바랄게요!

이렇게도 말해 보세요

Where would you like to travel to?
어디로 여행하고 싶으세요?

오늘의 영상 Planning a Trip around the World

지구본 위에서 달리기를 하다가 자꾸 바닥으로 떨어지는 친구에게 Simka가 말합니다. "(Are you) Trying to learn about the Earth's gravity?(지구 중력에 대해 배우려 노력 중인 거야?)" 중력에 관련된 책을 읽어 주거나 중력에 관해 설명해 준 후 보여 주시면 좋겠어요.

February

13

Day 44

What happened? You look excited.

무슨 일 있었어? 신나 보이네.

만약 하원 후 아이의 기분이 너무 좋아 보인다면 이렇게 물어보세요. 모든 감정을 차분하게 관찰하고 적절히 대응해 준다면 아이는 신이 나서 말 잘하는 아이로 성장할 것입니다.

이렇게도 말해 보세요

What's wrong? You look mad.
뭐 안 좋은 일 있으세요? 화나 보여요.

오늘의 영상 Caillou's Friend Play at the Park

Caillou가 밖에서 모래놀이를 하다가 친구들과 작은 다툼이 일어났어요. 놀이터에서 친구들과 놀 때 일어날 수 있는 일들이 아이들에게 공감을 불러 일으킵니다. 아이들의 오후 일상을 엿들으며 생생한 대화 표현들에 익숙해지는 시간이 되시길 바라요.

November 12

Day 316

Can I give you a ride to school?

학교에 데려다 줄까?

아이가 유치원이나 학교에 가기 싫은 날에는 가까스로 보내고 돌아오는 발걸음이 가볍지만은 않습니다. 그러나 기관에 적응하기까지 부모의 일관성 있는 태도가 중요합니다.

이렇게도 말해 보세요

It's too late!
Can you take me to school by car?
너무 늦었어요! 차로 데려다 주실 수 있어요?

오늘의 책 We Are Moving by Mercer Mayer

부모님의 갑작스런 이사 소식에 Little Critter와 동생은 기분이 좋지 않습니다. 예전 집에 있던 그 많은 추억의 장소들도 함께 옮길 수는 없기 때문이지요. 그런데 막상 이사를 하고 보니 꺼리던 마음과 두려움이 금세 사라집니다.

February

14

Day 45

• 복습하기 •

Day 39
Shall we lay down for a nap?
Sure! Without a nap, I would be tired.

Day 40
What about playing Hide and Seek?
What about playing with dolls?

Day 41
Do you have to do that right now?
Do you have to go right now?

Day 42
Can you put away all the blocks by yourself?
Can you help me tidy up the playing area?

Day 43
You're not allowed to jump inside the house.
Am I allowed to go out now?

Day 44
What happened? You look excited.
What's wrong? You look mad.

오늘의 노래 ### Five Little Monkeys

마음껏 높이 뛸 수 있는 트램펄린이나 침대를 마련하고 이 노래를 틀어 주기만 하면 아이에게 최고의 놀이 시간을 선물할 수 있습니다. 'No more monkeys jumping on the bed!(더 이상 뛰는 것은 안 돼!)' 반복되는 이 구절은 훈육을 할 때 자주 응용해서 사용할 수 있는 말이니 엄마도 신나게 따라 불러 보세요.

November

11

Day 315

Where can we get the bus going in the opposite direction?

반대 방향으로 가는 버스는 어디에서 탈 수 있을까?

길을 가다 보면 꼭 잘못 들어설 때가 있습니다. 이미 많이 와버렸는데 올바른 길이 아니었다는 사실을 깨닫게 되면 잠시 멈추세요. 반대 방향으로 가는 버스를 찾아 타면 그만입니다.

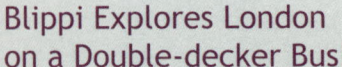

Where can we find the sign for the right way?
길을 잘 안내하는 표지판을 어디에서 찾을 수 있을까요?

오늘의 영상   Blippi Explores London on a Double-decker Bus!

Blippi 아저씨와 영국에서 빨간 버스 투어에 나서 보세요! 버스 안과 밖을 관찰하며 소개할 뿐 아니라 투어 중에는 다양한 문화와 음식에 대해 친절하게 설명해 마치 영국에 와 있는 것 같은 느낌을 갖게 합니다.

February
15
Day 46

What will you do while mom is doing the dishes?

엄마 설거지할 동안 뭘 하고 있을래?

저녁 식사 후 엄마가 설거지를 하는 동안 무엇을 할지 아이에게 물어보세요. 일방적으로 지시하기보다 스스로 할 일을 선택하도록 하면 주도적인 아이로 키울 수 있습니다.

이렇게도 말해 보세요

What will you do while I'm watching TV?
제가 TV 보는 동안 뭐 하실 거예요?

오늘의 책 Bears in the Night by Stan & Jan Berenstain

한밤중에 들려오는 수상한 소리를 엄마 몰래 따라나서는 새끼 곰들의 작은 일탈 스토리를 즐겨 보세요. 그림과 함께 반복해 듣다 보면 between, out 등의 전치사나 부사의 자연스러운 표현과 쓰임을 익힐 수 있습니다.

November 10

Day 314

Do you know when the next train is coming?

다음 열차 언제 오는지 알아?

전철이나 기차를 탈 때에는 시간을 잘 맞추어야 합니다. 항상 엄마가 챙겨 주면 아이들은 스스로 시간을 맞추려는 노력을 게을리합니다. 자기조절능력을 키우기 위해서라도 한정된 시간에 대해 교육하면 좋겠습니다.

이렇게도 말해 보세요

The sign says it's coming in two minutes.
2분 후에 온다고 전광판에서 알려 주네요.

오늘의 책

Curious George Takes a Train
by Margret & H.A. Rey

기차 여행에 나선 George는 오늘도 역에서 기차 시간표로 말썽을 부리지만 우여곡절 끝에 소중한 아이의 생명을 구합니다. 기차역의 분주한 분위기가 고스란히 느껴지는 그림과 이야기가 흥미롭네요.

February
16
Day 47

Have you finished your homework?

숙제는 다 마쳤니?

저녁이면 늘 해야 할 말이지요. 아이가 자연스레 숙제를 할 수 있도록 부드럽게 말해 주세요. 표정도 엄마의 언어랍니다. 과도한 관심이 부담스러운 아이에게는 무심한 듯 부드러운 표정을 연습하면 육아가 좀 더 편해질 수 있어요.

이렇게도 말해 보세요

Have you finished cooking?
요리 다 하셨어요?

오늘의 영상 Little Prankster Bears

Brother가 사촌 Freddy와 2층 자신의 방에서 재미있는 장난을 합니다. 그리고 이를 본 엄마한테는 학교 프로젝트라고 둘러댑니다. 아이들만의 장난이 가득한 이 영상에서, 'Brother와 Freddy를 본 적 있냐'고 물어보는 아빠의 대사를 한번 찾아 보세요.

November

9

Day 313

How do you usually go to school?

학교에 보통 어떻게 가니?

특정 장소에 보통 어떻게 가는지를 물을 때 쓰는 표현입니다. 상대방의 계획이나 의지를 물어볼 때에는 이렇게 말해 보세요. "How will you go to school?(학교에 어떻게 갈 거니?)"

이렇게도 말해 보세요

I usually take the bus.
보통 버스 타고 가요.

오늘의 영상 Most Dangerous Ways to School

위험한 등반과 얼어붙는 강추위를 이겨내고, 때로는 몇 시간 동안이나 노를 저어 강 건너 오직 더 나은 삶을 위한 기회(all for the chance of a better life)를 얻고자 학교로 향하는 히말라야 친구들. 그들의 '세상에서 가장 위험한 등교길'을 따라 가다 보면 우리의 평범한 등교길이 얼마나 감사한 일인지 저절로 알게 될 거예요.

February

17

Day 48

Don't forget to take a shower before bed!

자기 전에 샤워하기 잊지 마!

자기 전 샤워를 귀찮아하는 아이들이 있지요? 무조건 나무라기보다는 잠들기 전에 따뜻한 물로 샤워를 했을 때의 개운함을 상기시켜 주세요. 행복한 경험을 해 본 아이들에게는 그 만족스러운 개운함이 매일 습관을 만든답니다.

이렇게도 말해 보세요

Don't forget to bring me a cup of milk!
우유 한 컵 가져다 주시는 거 잊지 마세요!

오늘의 책   Waiting Is Not Easy! by Mo Willems

깜짝 선물을 준다는 말에 Gerald는 밤이 깊도록 설레는 마음으로 기대하지만 계속 더 기다려야 한다는 Piggie가 야속합니다. 그러나 웬걸! 결국 "This was worth the wait.(이건 기다릴만한 가치가 있어.)"라 말하는 Gerald의 외침에 모두가 공감할 것입니다. 기다림의 가치를 알려 주는 멋진 책이네요.

November
8
Day 312

Shall we walk to grandma's house today?

오늘은 할머니 댁에 걸어서 갈까?

목적지에 가는 것이 꼭 한 가지 방법만 있는 것은 아닙니다. 당연하게 차를 타고 가던 길도 때로는 다른 방법으로 가 보면 어떨까요? 노래를 부르며, 혹은 길가에서 특이한 돌멩이를 주우며 가거나 운동할 겸 가볍게 깡충깡충 뛰면서 가 보는 건 어떨까요? 다양한 방법을 보여 주는 것은 아이의 세계를 넓혀 주니까요.

이렇게도 말해 보세요

Can't we take the car?
자동차 타고 가면 안 될까요?

오늘의 책 Danny and the Dinosaur by Syd Hoff

박물관에 간 Danny는 전시물들이 진짜가 아니라서 실망이라는 혼잣말을 내뱉는데 순간 뒤에서 살아있는 공룡이 말을 걸어옵니다. "I think it would be nice to play with you!(너랑 놀아도 좋겠는데!)"

February

18

Day 49

Let me tuck you in. Good night!

이불 덮어줄게. 잘 자!

영어 그림책을 읽다 보면 굉장히 많이 나오는 표현입니다. 혹여 찬 기운이 들어오지 않을까 이불을 제대로 덮어 주거나, 꼬옥 안아줄 때 쓰이는 말입니다. 아이가 잠들 때 가끔씩 이 말을 사용하면 밤 루틴과 관련된 영어 콘텐츠를 즐길 때 이해를 도와줄 거예요.

이렇게도 말해 보세요

Let me read you this page.
이 페이지를 읽어드릴게요.

오늘의 영상 Camping Outside at Night!

야외 밤 캠핑을 두려워하는 Miffy에게 친구들이 말합니다. "It's gonna be so much fun! There's nothing to be scared of!(엄청 재미있을 거야! 두려워할 것 하나도 없어!)" 신나게 놀다가 텐트 안에서 잠이 든 Miffy가 밖에서 이상한 소리를 듣고 잠에서 깨는데요. 친구들의 단잠을 깨운 존재는 과연 누구일까요?

November 7

Day 311

• 복습하기 •

Day 305
It's drizzling. Wanna take an umbrella?
It seems I don't have to take an umbrella.

Day 306
It's a really clear and sunny day. Perfect for the picnic!
What a bright sunny day!

Day 307
It's cloudy. I can't see the sun through the clouds.
It's also a little breezy.

Day 308
What nasty and gross weather it is today!
The rain doesn't stop. Everything outside is wet.

Day 309
It's getting colder outside.
It seems like I need to wear on more clothes.

Day 310
It's freezing! I think it's going to snow!
It's an ice-cold day!

오늘의 노래 ## Uptown Funk (Cover)

Season's changing! 얼음같이 차가운 겨울에서 시작해 봄, 여름, 가을의 사계절을 유명한 브루노 마스의 팝송 'Uptown Funk'를 개사해 신나게 노래합니다. 중간에 미국 문화에서 겨울과 추운 날씨의 상징적인 의미를 갖는 "Jack Frost", 여름을 상징하는 끈 슬리퍼인 "Flip flop"이라는 말이 들리면 흥겹게 따라해 보세요.

February
19
Day 50

What book do you want to listen to today?

오늘은 무슨 책을 들려줄까?

아이가 잠들 무렵 꼭 해야 하는 말입니다. 아이들이 처음 책을 접할 때는 듣기가 먼저입니다. 부모의 입에서 나오는 말을 통해 아이들은 지식과 지혜를 얻습니다. 아이에게 먼저 훌륭한 작가들의 입을 빌려 좋은 언어 자극을 해 주세요.

이렇게도 말해 보세요

What about 'In the Night Kitchen'?
〈깊은 밤 부엌에서〉 어때요?

오늘의 책　In the Night Kitchen by Maurice Sendak

아이들의 시선을 잘 헤아리는 유명한 동화 작가 Morice Sandak의 작품입니다. 한밤중에 요란한 소리에 잠에서 깬 Mickey. 이런! 벌거벗은 채 부엌으로 떨어지는 바람에 빵으로 구워질 위험에 처하고 말았네요. 하지만 금세 벗어나 직접 반죽 비행기를 만들고는 상상력 가득한 모험을 떠납니다.

November

6

Day 310

It's freezing! I think it's going to snow!

너무 춥다! 눈이 올 것 같아!

이가 시릴 정도로 추운 날에 흔히 쓰이는 우리말로 '얼어 죽겠다'라는 표현처럼 영어에서도 비슷한 표현이 있어요. 얼어붙는 것 같은 날, 얼음같이 차가운 날 등으로 해석할 수 있는 새로운 표현들도 사용해 보세요.

이렇게도 말해 보세요

It's an ice-cold day!
정말 얼음처럼 차가운 날이에요!

오늘의 영상 Do You Want to Build a Snowman?

차가운 겨울 속 따뜻한 자매의 우정을 다룬 영화 〈겨울왕국〉의 대표적인 노래 "Do you want to build a snowman?(눈사람 만들고 싶니?)"를 들어 보세요. "We used to be best buddies and now we're not.(우리는 가장 친한 친구였는데 지금은 아니야.)"라는 Anna의 대사가 슬퍼요.

February 20
Day 51

I love you just the way you are. Good night!

엄마는 있는 그대로의 너를 사랑해. 잘 자!

아이가 성장해 자아가 발달할수록 엄마와 부딪치는 일도 늘어날 거예요. 하지만 잠자리에서만큼은 이 말을 꼭 해 주세요. 행복하게 잠든 아이를 바라보면 엄마의 육아 스트레스도 단번에 사라집니다.

이렇게도 말해 보세요

Me, too. Can you turn off the light?
저도요. 불 좀 꺼 주실 수 있어요?

오늘의 영상 Kids Share Their Bedtime Routine

아이들이 각자의 밤 일상을 'Show and Tell(각자 의미 있는 물건을 가지고 와서 발표하고 질문을 주고받는 시간)'의 형식으로 이야기 나눕니다. 밤에 가지고 자는 인형에 대해, 혹은 엄마 아빠와의 일화 등 밤 루틴에 대해 서로 질문과 답변을 나누기 때문에 듣기만 해도 즐겁게 영어 대화 패턴을 익힐 수 있어요.

November
5

Day 309

It's getting colder outside.

날씨가 점점 추워지네.

푸르고 청명한 가을 날씨를 만끽하는 행복도 오래가지는 않습니다. 점점 추워지고 곧 겨울이 오겠지요. 서늘한 아침이 느껴지면 환절기의 옷차림에 신경을 써야합니다.

이렇게도 말해 보세요

It seems like I need to wear on more clothes.
옷을 좀 더 입어야 할 것 같아요.

오늘의 책 Wake Me in Spring by James Preller

점점 추워지는 날씨에 겨울잠을 준비하는 Bear. 친구가 없는 겨울이 싫은 Mouse는 Bear에게 멋진 겨울의 풍경과 문화를 들려주며 겨울잠 자는 것을 말립니다. 긴 겨울잠에 들어가기 전 친구와 포옹하는 Bear의 모습이 사랑스럽습니다.

February
21
Day 52

• 복습하기 •

Day 46
What will you do while mom is doing the dishes?
What will you do while I'm watching TV?

Day 47
Have you finished your homework?
Have you finished cooking?

Day 48
Don't forget to take a shower before bed!
Don't forget to bring me a cup of milk!

Day 49
Let me tuck you in. Good night!
Let me read you this page.

Day 50
What book do you want to listen to today?
What about 'In the Night Kitchen'?

Day 51
I love you just the way you are. Good night!
Me, too. Can you turn off the light?

오늘의 노래 ## This Is the Way

어디선가 들어본 듯한 친숙한 선율로 아이들의 흔한 밤 일상을 노래합니다. "This is the way I eat dinner.(나는 저녁을 이렇게 먹어요.)" "This is the way I take a bath.(나는 이렇게 샤워해요.)" 우리 집 저녁 일상과 비교하며 즐겁게 노래를 불러 보세요.

November

4

Day 308

What nasty and gross weather it is today!

오늘 날씨 정말 불쾌하고 이상하다!

맑고 청명한 가을 날씨도 있지만 때로는 가을비가 오래도록 내리거나 우중충한 날씨도 찾아옵니다. 불쾌하고 거친 날에는 아이들과 둘러앉아 재미있는 실내 놀이를 즐겨 보는 건 어떨까요?

이렇게도 말해 보세요

The rain doesn't stop.
Everything outside is wet.
비가 그치질 않네요. 밖에 있는 모든 것이 젖어 있어요.

오늘의 영상 Cloudy with a Chance of Meatballs

발명가를 꿈꾸는 Flint는 학교에서는 엉뚱한 친구로 놀림을 받지만 엄마의 이 말에 꿈을 지속할 용기를 얻습니다. "I know you're gonna do big things someday!(엄마는 언젠가 네가 큰일을 해낼 거라는 걸 알고 있단다!)"

February
22

Day 53

Do you want to have some snacks?

간식 좀 먹고 싶어?

아이를 위해 맛있는 간식을 준비할 때마다 어떤 음식을 해 주어야 할지 고민입니다. 그럼에도 아이가 잘 먹어 주면 그 걱정은 금세 다 사라지지요. 간식은 사랑을 표현하는 최고의 수단입니다.

이렇게도 말해 보세요

Are you going to the grocery store for some snacks?
엄마, 간식 사러 마트 가세요?

오늘의 책

The Pigeon Finds a Hot Dog!
by Mo Willems

길에서 맛있는 핫도그를 발견하고는 입을 한껏 벌려 먹으려는 Pigeon에게 새끼 오리가 갑자기 다가와 말을 걸어요. "Is that a hot dog?(그거 핫도그니?)"라며 묻는 오리에게 "Not a hot dog; my hot dog."라며 자기 것이라 못 박지만 이후 은근히 신경을 쓰는 Pigeon의 표정이 재미있어요.

November
3

Day 307

It's cloudy. I can't see the sun through the clouds.

좀 흐리네. 구름 사이에 있는 해가 안 보여.

하늘은 마치 인생의 축약판 같아요. 맑고 화창한 날 이후의 구름 가득한 날은 자연스런 하늘의 섭리입니다. 지금 이 순간의 따뜻한 태양빛도 구름과 바람도 겸허히 받아들이며 주어진 삶을 살아내어 봅시다.

이렇게도 말해 보세요

It's also a little breezy.
바람도 살짝 부네요.

오늘의 책 Arthur's Tree House by Marc Brown

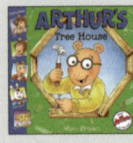

가족들이 저마다의 일이 바빠 잠시라도 독서를 즐길 공간이 없어 뒤뜰에 있는 거대한 나무 위로 올라간 Arthur. 그 광경을 보고 좋은 아이디어가 생각난 아빠는 트리 하우스를 만들기 시작합니다. 트리 하우스에 올라가 여유롭게 책을 읽는 Arthur에게 아빠가 말합니다. "I see you found a place for yourself.(오직 너를 위한 장소 하나를 발견했구나.)"

February
23
Day 54

Don't play with food!

음식으로 장난치면 안 돼!

영미권 콘텐츠에서는 식탁에서 음식으로 장난치는 행위에 대해 엄격하게 훈육하는 경우가 많습니다. 어릴 때부터 식사 예절을 가르친다면 국제적인 에티켓을 지키는 문화 감각을 키워 훗날 영미권 친구들과도 무리 없이 어울릴 수 있을 거라 믿습니다.

이렇게도 말해 보세요

I will never play with food again!
앞으로 절대 음식으로 장난치지 않을게요!

오늘의 영상 Good Food

편식으로 모든 음식을 거부하는 공주 때문에 왕과 왕비는 어쩔 줄을 모르다가 결국 고민 끝에 좋은 방법을 생각해 냅니다. 그들은 사랑하는 딸에게 몸에 좋은 음식(healthy food) 먹이기에 성공할 수 있을까요? "Just a spoonful for mommy.(엄마를 생각해서라도 한입 먹어 봐.)"

November

2

Day 306

It's a really clear and sunny day. Perfect for the picnic!

정말 맑고 햇살 가득한 날씨네. 소풍에 딱 좋겠다!

사랑하는 가족과의 행복한 나들이를 뒤로 미루지 마세요. 맑고 청명한 하늘이 감사한 가을날이지만 이처럼 좋은 날씨가 언제까지나 계속 이어지지는 않는 것이 순리니까요.

이렇게도 말해 보세요

What a bright sunny day!
정말 화창한 날이에요!

오늘의 영상 Picnic!

친구 가족들과 함께 야외에서 피크닉을 하는 내용의 인형극(doll play) 영상입니다. 끊임없이 쏟아내는 인형 친구들의 대화를 통해 "We were just looking at some cool rocks.(우리는 멋진 돌을 좀 찾아 보고 있었어.)" "Let me see!(나도 좀 보자!)" 등 다양한 생활 영어 인풋량을 채울 수 있어요.

February

24

Day 55

What would you like to eat for breakfast?

아침으로 뭐 먹고 싶어?

가족의 건강을 생각하는 엄마에게 식사 준비만큼 중요한 일은 없지요? 정해진 메뉴 스케줄대로 식사를 하는 가정들도 많겠지만, 매번 아이들에게 물어보는 것도 좋습니다. 아이의 의견대로 준비하기 어려운 경우에는 그다음 메뉴 스케줄에 꼭 반영해 보세요.

이렇게도 말해 보세요

What are you cooking for dinner?
저녁으로 무엇을 요리하세요?

오늘의 책 Pete's a Pizza by William Steig

비가 와서 밖에서 뛰어놀 수 없는 Pete를 위해 유쾌한 놀이 아이디어가 떠오른 아빠. Pete를 피자 도우로 만들어 테이블 위에 놓고는 요리를 시작하네요. Pete를 하늘로 던지거나 토마토, 치즈를 뿌리는 과정을 흥미롭게 따라가다 보면 이야기에 빠져 영어 표현은 덤으로 얻습니다.

November

1

Day 305

It's drizzling. Wanna take an umbrella?

이슬비가 살짝 내리네. 우산 챙길래?

우산이 필요하지 않을 정도의 가랑비가 오는 날에는 'drizzle'이라는 단어를 사용합니다. 이후 해가 나는 경우가 많아 우산을 챙겨 주어야 하는지 엄마들은 항상 헷갈리지요.

이렇게도 말해 보세요

It seems I don't have to take an umbrella.
우산을 챙길 필요는 없을 것 같아요.

오늘의 책 Today Is Monday by Eric Carle

밝은 색채의 콜라주 기법에 아이들의 흥미를 담아내는 그림책들로 유명한 동화 작가 Eric Carle의 작품입니다. 매 장면마다 요일과 음식 이름이 반복됩니다. 노래와 함께 들으면 더욱 좋아요.

February
25

Day 56

Don't be picky.

반찬 투정하면 안 돼.

식사 시간이 나오는 영어 콘텐츠에서 자주 들을 수 있는 말이에요. 엄마가 정성껏 차려 준 음식을 골고루 먹지 않을 때만큼 속상한 일이 있을까요? 까다로운 입맛을 가진 친구들에게는 엄마가 단호하지만 부드럽게 말해 보세요.

이렇게도 말해 보세요

Don't be mad at me.
저한테 화내지 마세요.

오늘의 영상 Caillou and Pasta

Caillou 가족이 파스타 제조기를 선물로 받았어요. "We can make all kinds of pasta shapes!(우리는 모든 종류의 파스타 모양을 만들 수 있어!)"라며 부모님은 Caillou에게 이탈리안 레스토랑 놀이를 권합니다. Caillou 가족의 요리 과정을 엿보며 다양한 식재료의 이름과 요리 언어를 배워 보세요.

November

Daily Life 3

11월에는 일상의 대화 주제를 담았습니다. 시원한 바람이 불어오는 가을과 겨울의 날씨 이야기부터 교통수단, 외식, 요리, 그리고 영미권 최대 명절인 추수감사절에 대해 알아볼까요?

Weather 2 Fall and Winter
Transportation
Eat Out and Cooking
Thanksgiving

February 26
Day 57

You don't like to eat this.

이건 먹고 싶지 않은가 보구나.

편식하는 아이들과 하루하루 씨름하는 분들이 많습니다. 먹기 싫은 음식을 힘겹게 오물거리는 아이의 입을 보며 가슴을 쓸어내리게 되는 부모 마음. 육아가 다 이렇답니다.

이렇게도 말해 보세요

I don't like to eat this kind of food.
이런 종류의 음식은 먹고 싶지 않아요.

오늘의 책　Green Eggs and Ham by Dr. Seuss

아이들은 음식의 생김새를 중요하게 생각합니다. 익숙하지 않은 모양의 음식은 늘 낯설어 먹기 싫지요. 그런 아이들의 마음을 잘 아는 영어 그림책의 거장 Dr. Seuss 작가의 대표작을 한번 읽어 보세요. 'Not in a box', 'Not with a fox', 'Not in a house', 'Not with a mouse' 등 반복되는 말에 리듬을 넣어 읽으면 더욱 재미있어요.

October
31
Day 304

· 자녀교육 칼럼 ·

"Let it go."

아이들은 마치 날씨와 같다는 사실을 알고 계시나요? 탯줄 하나에 의지한 채 세상에 나와 부모의 보살핌에 100퍼센트 의존하는 나약한 아이였을 때가 언제였나요. 태어나 오직 엄마인 나에게만 비밀처럼 보여 주었던 마냥 행복한 햇살 같은 아이 얼굴은 결코 평생 지속되지 않습니다.

어느새 기고 걷기 시작한 아이는 부모 손에 의지하지 않고 자신이 원하는 방향을 향해 자신의 마음이 가는 곳으로 달리곤 합니다. 육아를 하다 보면 폭우가 끊이지 않는 고약한 날도 오고, 매서운 눈보라가 치거나 얼음장같이 차가운 날도 옵니다.

물론 폭우에 대비하고 얼음 같은 추위에는 따뜻한 땔감도 준비해야 하지만, 내가 어쩔 수 없는 상황에서는 자연의 순리에 항복하듯 놓아 주어야 해요. 그러면 언제 그랬느냐는 듯 다시 비추는 환한 햇살처럼, 미소 가득한 아이의 얼굴은 언제든 다시 만날 수 있답니다.

February

27

Day 58

Shall we cook together?

우리 함께 요리할까?

아이가 음식을 좋아하지 않는다면 함께 요리를 해 보세요. 직접 음식 재료를 골라 요리를 하면 먹기 싫은 음식 재료를 먹일 수 있는 좋은 방법이 된답니다. 위험한 도구 사용만 엄마가 해 주신다면 아이들도 요리하는 기쁨을 누릴 수 있답니다.

이렇게도 말해 보세요

Shall we dance to the music?
음악에 맞춰 춤을 춰 볼까요?

오늘의 영상 Kids Try Food from Children's Books

책 속 신기한 음식을 먹어 보는 아이들의 생생한 목소리를 들을 수 있어 재미있어요. "How is this possible?(이게 어떻게 가능해요?)" "This is gonna taste bad.(맛없을 것 같아.)" 특히 Dr. Seuss의 그림책에 나오는 초록 달걀과 햄을 만들어 먹어 보라 할 때 아이들의 표정이 즐겁습니다.

October
30
Day 303

• 엄마표 영어 Q&A •

Q. 엄마표 영어를 하면서 잊지 말아야 할 점이 있나요?

첫째, 영어 노출을 매일 일상으로 만드는 것입니다. 학습과 관련된 교재가 아닌, 실제 원어민의 말소리가 생생한 대화로 들리는 환경을 만들어 주는 것이지요. 실제 원어민을 만나지 않더라도 요즘엔 다양한 플랫폼에서 쏟아져 나오는 영상들이 많아 엄마가 다짐을 한다면 그렇게 어려운 일은 아닙니다.

둘째, 비교하지 않는 마인드 컨트롤 연습하기입니다. 사실 아이들은 그리 비교를 많이 하지 않아요. 그저 영어가 즐겁다는 마음에 이르면 지속하는 데에 큰 문제가 되지는 않습니다. 엄마가 옆집 아이와의 비교를 늘 조심하며 마음을 다스리는 게 중요합니다.

셋째, 뭐시 중헌디! 가족 관계에 금이 가는 조짐이 보이면 잠시 멈추세요. 충분한 대화와 성찰의 시간을 가진 후 가볍게 다시 시작하는 것, 그것이 오래가는 방법입니다.

February

28
Day 59

• 복습하기 •

Day 53
Do you want to have some snacks?
Are you going to the grocery store for some snacks?

Day 54
Don't play with food!
I will never play with food again!

Day 55
What would you like to eat for breakfast?
What are you cooking for dinner?

Day 56
Don't be picky.
Don't be mad at me.

Day 57
You don't like to eat this.
I don't like to eat this kind of food.

Day 58
Shall we cook together?
Shall we dance to the music?

오늘의 노래 **Do You Like Broccoli Ice Cream?**

아이들을 가르칠 때 정말 많이 부르며 활용했던 노래입니다. 각각의 음식 재료는 맛있지만, 어울리지 않는 그 두 가지 재료를 합친 음식을 좋아하냐고 물어볼 때마다 아이들의 표정은 일그러지지요. 모든 친구들이 흥미롭게 보며 따라 부르기 좋아하는 노래입니다.

October 29
Day 302

• 엄마표 영어 Q&A •

Q. 모국어 습득 방식 엄마표 영어에서 말하기 능력이란 어떤 것일까요?

모국어 습득 방식의 엄마표 영어에서 말하기 능력이 의미하는 것이 무엇인지 한 번 생각해 봅시다. 교재에 나와 있는 문장을 잘 암기해서 읽는 것일까요? 아니면 말하기 시험에 나올만한 상황을 연습하고 법칙을 외워 시험을 잘 치르는 것일까요? 말하기 능력에는 두 가지 의미가 있습니다. 첫째, 즉흥적인 대화 상황에서 자연스레 말할 수 있는 기본적인 언어 소통 능력입니다. 둘째, 말할 거리와 전달력이 필요합니다. 자신의 생각을 표현하기 위한 기본적인 지식과 이를 잘 설명해 전달할 수 있는 능력이지요.

기본적인 소통 능력은 사실 특정 교재나 교과서의 문장을 달달 암기하는 것만으로 가능하지 않습니다. 둘째로 생각을 표현하고 전달하는 능력 역시 학원에서 시험에 대비하는 것으로 생성되는 능력은 아닙니다. 자연스런 소통 능력은 다양하고 충분한 대화 소리 인풋으로, 의견 말하기 능력은 평소 생각을 이끌어 주는 부모의 언어와 양육 태도로 가능합니다. 부모가 먼저 교육의 목적을 잘 이해하여 영어 말하기 교육의 방향키를 제대로 쥐어 보세요.

March

Relationship

3월에는 아이가 친구들과 관계를 맺을 때 필요한 말들을 담았습니다. 새 학년 새 학기, 새로운 친구들과 만나 인사하고 함께 놀고 때로는 다투고 화해하는 과정에서 아이는 더욱 성장할 거예요.

Greetings
Play
Invitation(Birthday)
Fight and Forgiveness

October

28
Day 301

• 복습하기 •

Day 295
Let's get ready for hiking!
On your mark? Get! Set! Go!

Day 296
Did you prepare a water bottle?
Did you prepare a mat and some food?

Day 297
Do you know what the creature on the rock is?
I know it. I've seen this in a book before.

Day 298
I especially love the fresh air in the mountain.
I love the cool wind on the peak.

Day 299
You never knew before that hiking could be so much fun!
I just realized that.

Day 300
What do you see on the surface of the river?
I see some birds. Do you know their names?

오늘의 노래 Walking in the Forest

깊은 숲속의 동물들과 함께 걷고(walking), 발구르고(stomping), 점프하는(jumping) 귀여운 친구들의 노래를 따라해 보세요. jump와 skip의 차이점을 익힐 수 있답니다.

March

1

Day 60

Did you have a good day at school? How was it?

학교 잘 다녀왔어? 어땠어?

아이가 하교할 때면 엄마는 늘 설레는 마음으로 아이를 기다립니다. 사랑하는 아이에게 반가운 얼굴로 인사해 보세요. 학교에서의 일을 재잘재잘 말해 주는 아이의 목소리가 즐거운 멜로디처럼 들린답니다.

이렇게도 말해 보세요

Pretty good!
좋았어요!

오늘의 책 Hi! Fly Guy by Tedd Arnold

길에서 우연히 발견한 파리가 이름을 불러 주자 애정을 느낀 Buzz는 집에 데려와 부모님께 소개합니다. 해충일 뿐이라며 싫어하는 가족과 반려동물 대회 심사관에게 자신의 장기를 어필하는 플라이가이의 열정이 아이들로 하여금 미소 짓게 합니다.

October
27
Day 300

What do you see on the surface of the river?

강물 위 수면에 뭐가 보여?

아이에게 더 넓고 신기한 세상의 모든 것을 보여 주고 싶은 것이 부모 마음입니다. 자세히 보아야 보이는 그 세계를 아이가 볼 수 있도록 자주 질문해 보세요. "What do you see?(뭐가 보이니?)"

이렇게도 말해 보세요

I see some birds.
Do you know their names?
새들이 보여요. 저 새들 이름 아세요?

오늘의 영상 Children's Nature Hike

산지킴이 Zak 아저씨가 우리 몸의 다섯 가지 감각인 시각(sight), 후각(smell), 청각(hearing), 촉각(touch), 미각(taste)을 사용해 관찰하기, 냄새 맡아보기, 걷기 등 산에서 즐길 수 있는 모든 것에 대해 설명합니다.

March
2
Day 61

What's up?

안녕?(무슨 일이야?)

'안녕?'이라는 말이 진짜 건강한지 확인을 의미하는 것이 아니듯 이 말 역시 무슨 일이 있냐고 묻는 것은 아닙니다. 만나면 흔히 하는 인사인 이 말에 대해 보통은 대답 역시 같은 말을 되풀이하기도 하지만 관례상 아래와 같이 답하는 경우도 많답니다.

이렇게도 말해 보세요

Nothing much!
큰일 없이 잘 지내요.

오늘의 영상 New Friend

Caillou가 옆집에 놀러 온 스페인 여자 친구를 처음 만나 인사하고 친해지는 과정이 나와 있어요. 외국 친구를 처음 만나 사귀고 헤어지는 과정을 간접 경험하며 타국의 문화에 친숙해지는 태도를 배워 보세요.

October
26
Day 299

You never knew before that hiking could be so much fun!

등산이 이렇게 재미있다는 걸 예전에는 미처 몰랐지!

아이도 어른도 편견으로 삶의 즐거움을 놓칠 때가 종종 있습니다. 재미가 없는 건 줄 알았는데 막상 해 보니 즐거운 것이 참 많아요. 시도하지 않았다면 그 재미를 몰랐겠지요.

이렇게도 말해 보세요

I just realized that.
이제야 알게 되었네요.

오늘의 책 Just Fishing with Grandma
by Gina & Mercer Mayer

"What a good day for fishing!(낚시하기 참 좋은 날씨네!)" 일이 많은 가족들 대신 할머니와 단둘이 강으로 향하는 Little Critter의 하루를 따라 미국의 낚시 문화를 경험해 보세요.

March
3
Day 62

Not so good these days.

요즘 그렇게 좋지는 않네.

엄마도 항상 기분이 좋은 것은 아니겠지요? 가끔은 솔직하게 이유를 잘 설명해 주면 감정을 표현하는 방법을 배울 수 있답니다. 나중에 솔직하게 자신을 표현하는 것에 어려움을 느끼지 않도록 감정 표현의 롤모델이 되어 주세요.

이렇게도 말해 보세요

I'm not doing well these days.
요즘 잘 지내지 못하고 있어요.

오늘의 책   Hooray for Fish! by Lucy Cousins

엄마 물고기가 아기 물고기에게 드넓은 바닷속 세상에서 다양한 친구들을 만나도록 소개하는 책입니다. 새로운 친구들과의 설레는 만남을 알록달록 선명한 그림으로 즐겨 보세요. 흥겨운 노래로 다양한 생김새와 관련된 말들을 재미있게 배울 수 있어요.

October
25
Day 298

I especially love the fresh air in the mountain.

나는 산에서 특히 신선한 공기가 좋더라.

산에서 느끼는 신선한 공기와 시원한 바람 한 줄기는 산을 오르며 겪었던 힘듦을 한순간에 날려버립니다. 우리네 인생도 그런 것이지요.

이렇게도 말해 보세요

I love the cool wind on the peak.
전 산꼭대기의 시원한 바람이 좋아요.

오늘의 영상 Mountain Climbing

Peppa와 친구들의 암벽타기 체험을 함께 해 볼까요? 선생님이 산에서 고립되었던 경험에 대해 말씀해 주시는데, 과연 누가 구해 주었는지 영상에서 한번 확인해 보세요!

March
4
Day 63

Hi, sweetie!
How have you been?

우리 아가! 어떻게 지냈어?

일이나 다른 사정으로 아이와 며칠 떨어져 있다가 만나는 경우가 많습니다. 아이와 다시 만나기 전 설레는 마음으로 이 말을 연습해 보세요. 밝은 얼굴로 웃으며 건네는 인사에 아이는 해맑은 미소로 화답할 것입니다.

이렇게도 말해 보세요

I've been good.
잘 지냈어요.

오늘의 영상 Mama Don't Go

'Timothy goes to school'은 유치원과 학교에서 사용되는 생생한 언어들이 가득한 애니메이션 시리즈입니다. 오늘은 힐탑 유치원에 새로운 친구가 전학을 왔어요. 친구가 없어 두려운 Juanita는 엄마와 함께 새 학교 첫날을 보내게 됩니다. 과연 Juanita는 중간에 엄마를 집으로 돌려 보내드릴 수 있을까요?

October
24
Day 297

Do you know what the creature on the rock is?

이게 무슨 생물인 것 같아?

아이들과 산에 오르면 신기하게 생긴 온갖 생물을 보게 됩니다. 생물의 생김새와 움직임을 관찰하다 보면 자연의 아름다움과 신비를 느끼며 호기심을 더욱 키울 수 있어요.

이렇게도 말해 보세요

I know it.
I've seen this in a book before.
저 이거 알아요. 전에 어떤 책에서 본 적 있어요.

오늘의 책 The Cow Who Climbed a Tree
by Gemma Merino

현실형 가족들과는 달리 탐험과 공상을 즐기는 Tina는 어느 날 숲에서 나무 위에 올랐다가 친근한 Dragon을 만납니다. 그러나 안타깝게도 "Dragons don't exist. Cows can't climb trees.(드래건은 세상에 없어. 소는 나무에 오를 수 없어.)"라며 가족 모두 그녀의 말을 믿어 주지 않네요.

March

5

Day 64

Have fun, kids!

재미있게 보내, 얘들아!

형제나 친구와 함께 아이들이 놀러 나갈 때 자주 하는 말입니다. 아이들이 즐겁고 행복하면 엄마 역시 행복합니다. 밖으로 나가 행복한 시간을 보내도록 밝은 얼굴로 손을 흔들어 이렇게 말해 주세요.

이렇게도 말해 보세요

Have a fantastic day, mom!
끝내주는 날 되세요, 엄마!

오늘의 책   Biscuit by Alyssa Satin Capucilli

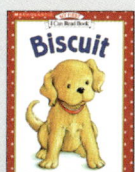

따뜻한 느낌의 강아지 그림으로 아이들의 많은 사랑을 받는 'Biscuit' 시리즈의 첫 책입니다. "This is Biscuit." "Biscuit is small and yellow.(비스킷은 작고 노란색이에요.)" 등 첫 장에서 Biscuit을 소개하는 말을 익혀 따라 해 보세요. 잠들기 싫어하는 강아지와의 밤 일상을 따라가다 보면 입가에 미소가 번집니다.

October
23
Day 296

Did you prepare a water bottle?

물병 준비했니?

미리 준비하는 것은 얼핏 쉬워 보이지만 어려워요. 처음에는 필요가 없는 것처럼 보이거든요. 필요 없어 보일 때부터 미리 준비해야 하는 이 단순한 진리를 등산을 통해서도 배울 수 있습니다.

이렇게도 말해 보세요

Did you prepare a mat and some food?
돗자리랑 음식 준비하셨어요?

오늘의 영상 Camp Caillou

Caillou가 베스트 프렌드 Clementine과 스카우트 캠프를 위해 산에 갔어요. 친구들과 즐겁게 텐트도 치고 밤에는 마시멜로를 구워 먹으며 반딧불이가 아름답게 반짝이는 숲에서 잠이 듭니다.

March
6
Day 65

Sleep tight!

춥지 않게 이불 잘 덮고 자!

한국의 엄마들은 아이가 초등학생이 될 때까지 옆에 두고 자는 경우가 많습니다. 하지만 보통 영미권 국가의 엄마들은 아기일 때부터 혼자 재우려고 하지요. 아이를 따로 재울 때, 엄마의 빈자리 대신 이불을 꼭 덮고 편안하게 푹 자라는 의미에서 이렇게 말하곤 합니다.

이렇게도 말해 보세요

Nighty night, mom!
잘자요, 엄마!

오늘의 영상 Nighty Night Circus Animals

Little Owl(아기 올빼미)이 졸려서 잠이 드려는 찰나, 어디선가 낯선 소리가 들려요. "What's that noise? What can it be?(무슨 소리야? 뭘까?)" 호기심 가득한 Little Owl이 소리를 따라 날아간 곳은 서커스단 동물들의 잠자리예요. 아이들에게는 낮에 한 번 보여 주고, 밤에 쉽게 잠들지 못할 때 소리만 틀어 주세요. 어느새 솔솔 잠이 올 거예요.

October
22
Day 295

Let's get ready for hiking!

등산 준비하자!

가끔씩 콘크리트 가득한 빌딩에서 벗어나 자연을 마주해 보세요. 특히 등산은 아이들에게 인생의 진리를 자연스레 느끼도록 교육하기에 너무나 훌륭한 경험이 될 것입니다.

이렇게도 말해 보세요

On your mark? Get! Set! Go!
출발선에 잘 섰지요? 준비, 시작!

오늘의 책 When I Was Young in the Mountains
by Cynthia Rylant

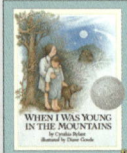

1983년 칼데콧 명예상 수상작인 이 책은 산속에 살았던 작가의 아름다운 어린 시절 일상을 다루었습니다. 한 장 한 장을 넘기며 마치 영화를 보는 것처럼 아름답고 서정적인 그림과 더불어 펼쳐지는 작가의 언어를 감상해 보세요.

March

7

Day 66

• 복습하기 •

Day 60
Did you have a good day at school? How was it?
Pretty good!

Day 61
What's up?
Nothing much!

Day 62
Not so good these days.
I'm not doing well these days.

Day 63
Hi, sweetie! How have you been?
I've been good.

Day 64
Have fun, kids!
Have a fantastic day, mom!

Day 65
Sleep tight!
Nighty night, mom!

오늘의 노래 ## Whole World

흥겨운 선율과 리듬으로 아름다운 자연에게 손 내밀어 인사하는 듯한 신나는 노래입니다. 세계의 모든 친구들이 서로 손을 잡고 세상에 존재하는 모든 것을 즐기는 흥겨운 잔치에 초대된 느낌으로 불러 보세요.

October
21
Day 294

• 복습하기 •

Day 288
I love the color of the flowers! What about you?
I love it, too!

Day 289
Would you like to smell the scent?
It smells really good!

Day 290
I want to buy a bunch of roses.
How much is it for two bunches of roses?

Day 291
Do you see what is on the top of the tree?
Is it a bird? It's moving!

Day 292
Trees are very important to our lives.
Trees give us many things!

Day 293
Can you climb up the tree?
I can do it if you help me!

오늘의 노래 ## Plant a Tree Song

씨앗을 심고 정성껏 가꾸며 성장을 기다리는 가족의 마음을 노래합니다. fruits, flowers, vegetables 등 모든 열매는 하나의 씨앗으로부터 시작합니다. 우리의 인생처럼 말이에요.

March

8

Day 67

There are lots of things we can play!

놀 수 있는 게 참 많아!

아이를 키우다 보면 잘 놀아 주는 게 그리 쉽지 않다는 것을 느끼게 됩니다. 아이들과 놀아줄 놀이 목록을 작성해 보면 어떨까요? 아이에게 신나는 표정과 말투로 이렇게 말할 수 있을 거예요.

이렇게도 말해 보세요

There are so many things to play with!
놀 거 많다!

오늘의 책 My Friends by Taro Gomi

걷는 것은 고양이에게, 나무 오르기는 원숭이에게, 발차기는 고릴라에게 배웠다고 하는 주인공 친구는 자신을 가르쳐 준 모든 동물들을 'My friends(내 친구들)'라 부릅니다. 친구는 또 다른 스승인가 봐요. "I learned to ~ from my friend ~.(내 친구 ~에게서 ~하기를 배웠어요.)" 반복되는 이 구절을 익혀 보세요.

October
20
Day 293

Can you climb up the tree?

나무에 올라갈 수 있어?

영미권 콘텐츠에서 자주 볼 수 있는 나무는 아이들이 타고 오를 수 있을 정도로 커다란 경우가 많아요. 가끔씩 커다란 나무를 찾아 아이들이 자연과 교감할 수 있는 기회를 만들어 보세요.

이렇게도 말해 보세요

I can do it if you help me!
도와주시면 올라갈 수 있어요!

오늘의 영상 The Giving Tree

원작 소설 〈아낌없이 주는 나무〉를 바탕으로 하는 영상입니다. 늘 변함없이 제 자리에서 한 소년에게 놀이와 쉼을 제공하는 나무의 목소리가 그의 인생 내내 감동적으로 이어집니다. 유명한 우리말 번역서를 먼저 읽어 주시고 보여 주면 좋아요.

March

9

Day 68

Let's play Bingo!

우리 빙고 게임 하자!

아이가 무엇을 하고 놀지 물어볼 때 육아가 처음인 초보 부모는 막막할 때가 많아요. 그럴 때면 침착하게 어릴 때 자신에게 재미있었던 놀이를 떠올려 제안해 보세요. 부모도 잠시 아이가 되어 즐겁게 시간 여행을 즐길 수 있습니다.

이렇게도 말해 보세요

Let's play soccer!
우리 축구해요!

오늘의 영상 Chloé's Big Friends

"We don't play baby games anymore!(우린 아기 게임은 이제 안 해!)"라며 으스대는 큰사촌 Chloé와 친구들에게 Peppa는 'Yes No' 게임을 제안합니다. 질문을 했을 때 'Yes'나 'No'라고 말하면 지는 게임인데, 이길 거라 장담하던 큰 친구들이 줄줄이 실수를 하는 모습이 재미있어요.

October
19
Day 292

Trees are very important to our lives.

나무는 우리 삶에서 정말 중요하단다.

자연이 선사한 그 많은 선물 중 무엇 하나 버릴 것 없는 것이 나무입니다. 나쁜 공기를 빨아들이고 신선한 산소를 내뿜을 뿐 아니라 시원한 그늘, 아이들의 자연 놀이터, 꽃과 열매, 가구의 원재료 등 나무가 우리 삶에 정말 중요한 이유에 대해 아이와 이야기를 꼭 나누어 보세요.

이렇게도 말해 보세요

Trees give us many things!
나무는 우리에게 많은 것을 주어요!

오늘의 책

Henry and Mudge in the Family Trees
by Cynthia Rylant

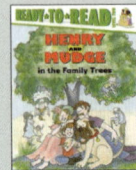

처음 보는 많은 친척들을 만나러 사촌 Annie의 집에 간 Henry는 과연 Mudge가 사랑받을 수 있을지 걱정합니다. 가족 모임을 위한 초대장 문화와 친척 모임의 분위기를 엿보며 따뜻하고 정겨운 미국의 일상 대화를 쉽고 간결한 문장으로 접할 수 있어 좋아요.

March
10
Day 69

Why don't we play ball?

공놀이는 어때?

공놀이가 아이들에게 인기 있는 이유는 무엇일까요? 아마도 핑퐁처럼 서로가 상호작용을 하는 놀이이기 때문일 거예요. 사회성의 출발이지요. 아이들과 공놀이를 할 때에는 눈을 마주치고 자주 웃어 주세요. 이 시절 행복한 공놀이의 추억이 평생 간답니다.

이렇게도 말해 보세요

Why don't we race each other?
우리 함께 경주하면 어떨까요?

오늘의 책 Just My Friend and Me by Mercer Mayer

친구들과 신나게 노는 것만큼 어린 시절을 풍성하게 해 주는 경험은 없을 것입니다. 엄마와 이 책을 읽다 보면 친구와의 행복한 시간이 생각나 자기도 모르게 입꼬리가 올라가며 대화를 나누고 싶을 거예요.

October 18
Day 291

Do you see what is on the top of the tree?

나무 꼭대기 위에 있는 거 보여?

오래 전 미국 여행에서 가장 부러웠던 건, 끝없이 펼쳐지는 평원 곳곳에 우뚝 솟아있던 나무들이었어요. 나무가 주는 그 많은 유익에 대해 한번 대화를 나누어 보세요.

이렇게도 말해 보세요

Is it a bird? It's moving!
저거 새인가요? 움직여요!

오늘의 영상 Tree Hut

방 안에서 축구 방송 시청에만 몰입하는 Maxter를 집 밖에서 맑은 공기를 마시며 놀게 하고 싶은 Milly와 Molly. 세 친구는 나무 오두막(Tree Hut)을 만들고 그 안에서 즐거운 시간을 보냅니다.

March
11
Day 70

Now I'm 'It'. You hide, and I'll count to ten.

이제 내가 술래야. 10까지 셀 테니 어서 숨어.

숨바꼭질에서는 술래를 'It'이라고 합니다. 엄마가 술래가 되고 아이가 숨을 차례가 되면 이렇게 말해 보세요. 엄마가 술래가 되면 아이들이 열심히 숨을 곳을 찾는 동안 잠시 휴식할 수 있겠지요? 아이들은 신나고, 부모들은 조금이나마 여유를 부릴 수 있는 가장 좋은 방법입니다.

이렇게도 말해 보세요

Let's hide behind the curtain!
우리 커튼 뒤에 숨자!

오늘의 영상 Night of the Weiner Dog

원숭이 George에게 여자 친구 Ally가 생겼어요. 둘은 밤에도 아침에도 서로의 집을 오가며 행복한 시간을 보냅니다. 수다쟁이 Ally의 목소리를 들으며 발가락으로 딸기 먹기, 드럼 치기, 다람쥐 잡기, 나무 오르기 등 다양한 놀이를 간접 경험해 보세요.

October
17
Day 290

I want to buy a bunch of roses.

장미 한 다발을 사고 싶구나.

꽃은 단위로 부를 때가 많아요. 보통 한 다발을 의미할 때에는 'bunch'라는 말을 사용합니다. 한 다발이 부담되면 자신을 위해 꽃 한 송이를 선물해 보는 것은 어떨까요?

이렇게도 말해 보세요

How much is it for two bunches of roses?
꽃 두 다발에 얼마에요?

오늘의 책 Plant a Kiss by Amy Krouse Rosenthal

어느 작은 소녀가 마치 식물을 키우듯 키스를 땅에 심고 키우는 따뜻하고 상상력이 가득한 그림책입니다. 햇빛과 물을 주고 사랑과 인내로 키스를 (식물을) 키우는 과정이 마치 아이를 키우는 것과도 비슷하네요. 간결한 단어들이 그림에서 흥미롭게 잘 나타나 자연스레 영어를 배우기 좋아요.

March

12

Day 71

We're gonna play with trains today.

오늘은 기차놀이를 할 거야.

남자 친구들이 가장 많이 하는 놀이 중 하나는 기차놀이입니다. 아이들이 열광하는 교통수단 장난감을 제어해 보는 경험은 자기주도성을 키워줄 수 있어요.

이렇게도 말해 보세요

I'm gonna connect all the curly pieces.
둥근(곡선의) 피스들을 모두 연결할 거예요.

오늘의 책 Froggy's Sleepover by Jonathan London

Froggy는 Max와의 잠옷 파티를 한껏 기대하며 하교합니다. 들뜬 마음으로 잠옷 파티를 준비해 떠나려는 찰나, "Frrooggyy! Did you forget your huggy?" 엄마의 부름에 멈추어요. 다시 준비를 마치고 출발하려는 순간마다 반복되는 엄마의 목소리로 '~을 잊었니?'라는 표현을 배워 보세요.

October 16
Day 289

Would you like to smell the scent?

향기 한번 맡아 볼래?

꽃이 좋은 것은 화려하고 어여쁜 생김새도 그렇지만 무엇보다 향기가 압권이기 때문입니다. 마음이 힘들 때에는 아이와 식물원에 방문해 꽃향기를 한번 맡아 보세요. 마음이 풍성해집니다.

이렇게도 말해 보세요

It smells really good!
향기가 정말 좋아요!

오늘의 영상 How Does a Seed Become a Plant?

식물이 자라기 위해 꼭 필요한 soil(흙), sun light(햇빛), air(공기), water(물) 등 core four(네 가지 핵심 요소)가 무엇인지 영어로 익힐 수 있어요. 식물의 성장에 대한 우리말 책을 읽거나 엄마와 대화를 나눈 후 보여 주면 자연스레 단어 학습이 되고 이해도 쉽습니다.

March
13
Day 72

I'm coming to get you!

잡으러 간다!

아이들이 인형이나 장난감을 가지고 역할 놀이를 할 때면 가장 많이 하는 말입니다. 아이들은 누군가를 잡으러 가거나 쫓기는 상황에서 놀이의 재미를 느낍니다. 최대한 감정을 살려 말해 보세요. 아이들이 더욱 즐거워할 거예요.

이렇게도 말해 보세요

I bet you can't catch me!
절대 못 잡으실걸요!

오늘의 영상 Hide and Seek

수다쟁이 Ruby가 오늘은 동생 Max와 숨바꼭질을 합니다. 숨바꼭질을 할 때마다 자주 나누는 대화가 다 들어있어요. 엄마도 아이와 함께 영상을 자주 보며 Ruby의 목소리를 따라 말하기를 연습해 보세요. 아이는 언제나 엄마의 목소리를 따라간답니다.

October

15

Day 288

I love the color of the flowers! What about you?

이 꽃 색깔 정말 맘에 든다! 네 생각은 어때?

식물은 우리의 삶을 다채롭게 해 주는 귀중한 존재입니다. 아이와 나들이를 할 때에는 언제나 식물을 관찰하고 서로 대화를 나누어 보세요. 우리 아이를 따뜻한 환경 지킴이로 키울 수 있어요.

이렇게도 말해 보세요

I love it, too!
저도 그래요!

오늘의 책 A Green Green Garden by Mercer Mayer

정원을 꾸미는 Little Critter 가족의 하루를 따라 가 보세요. 땅을 경작하고(plow), 씨앗이나 모종을 심는 것(plant)을 돕는 아이들의 표정은 투덜대거나 장난기 있는 현실 남매의 모습이라 재미있습니다.

March

14

Day 73

• 복습하기 •

Day 67
There are lots of things we can play!
There are so many things to play with!

Day 68
Let's play Bingo!
Let's play soccer!

Day 69
Why don't we play ball?
Why don't we race each other?

Day 70
Now I'm 'It'. You hide, and I'll count to ten.
Let's hide behind the curtain!

Day 71
We're gonna play with trains today.
I'm gonna connect all the curly pieces.

Day 72
I'm coming to get you!
I bet you can't catch me!

오늘의 노래 One Little Finger

유아 친구들에게 익숙한 영어 노래로 쉬운 가사를 흥얼흥얼 따라 하다 보면 해당 부위를 가리키는 말인 point와 head, nose, chin 등 신체 부위 용어를 저절로 배울 수 있습니다. 엄마가 신체 부위를 바꾸어 다양하게 응용해 불러 주며 즐겨 보세요.

October
14
Day 287

• 복습하기 •

Day 281
Don't you think that's the cutest you've ever seen?
I wish I could take him to my house!

Day 282
Taking care of a pet is a big responsibility.
I can do it. I will take care of her!

Day 283
Why is he whining all night long?
I don't know what's wrong with him.

Day 284
She peed here again! I'd better train her quickly.
I will try training her.

Day 285
He made a huge mess! What should I do to punish him?
I'll clean it up, mom!

Day 286
Pets are just like us. They need love and attention.
It's important to show them lots of love and attention.

오늘의 노래 I Have a Pet

온갖 종류의 반려동물을 소개하며 의성어로 재미있게 노래합니다. 따라 부르기 좋은 간단한 선율과 더불어 woof woof!(개) meow, meow(고양이), squeak, squeak!(생쥐) 등 통통 튀는 동물들의 울음소리를 익혀 보세요.

March
15
Day 74

I can't wait for my birthday!

내 생일 어서 돌아왔으면!

'I can't wait'는 '기다릴 수 없다'라는 부정적 의미가 아니라 신나는 이벤트를 손꼽아 기다릴 때 하는 말입니다. 소풍, 학교 발표회, 방학 등 아이들이 기다릴만한 날을 앞두고 자주 말해 보세요. 이런 표현을 영상이나 책에서 만나면 더욱 친근하게 느껴질 것입니다.

이렇게도 말해 보세요

I can't wait for summer vacation!
여름 방학이 너무너무 기다려져요!

오늘의 책 Arthur's Birthday by Marc Brown

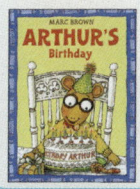

날짜를 세어가며 생일을 기다리는 Arthur와 친구들은 생일 초대장을 나누어 주는 순간 예상치 못했던 난관을 만나게 됩니다. 하지만 친구들이 힘을 모아 기가 막히게 문제를 해결하지요. 친구들과 생일 파티를 즐겨 본 친구들은 모두 재미있게 읽을 수 있어요.

October
13
Day 286

Pets are just like us. They need love and attention.

반려동물은 우리랑 같아. 사랑과 관심이 필요하지.

반려동물 키우기는 삶을 더욱 풍성하게 해 줍니다. 모든 인간관계의 기본처럼 조건 없이 전해지는 사랑과 관심이 신실하고 돈독한 사랑의 관계를 형성해 주기 때문입니다.

이렇게도 말해 보세요

It's important to show them lots of love and attention.
많은 사랑과 관심을 보여 주는 것이 중요해요.

오늘의 영상 What If We Started Acting Like Cats?

인기 많은 반려동물, 고양이! 우리가 고양이처럼 행동하기 시작하면 어떻게 될까요? 호기심 어린 이 질문으로 시작해 재미있는 상상을 이어갑니다. 하루 아침에 고양이 목소리를 내는 주인에게 쥐들이 시위를 하고 (protest), 회사에서는 직원들이 고양이처럼 팔짝팔짝 뛰어다니는 모습이 재미있어요.

March

16

Day 75

Will you come to his birthday party?

(우리 ○○이) 생일 파티에 올래?

자녀의 친구들에게 생일 파티에 초대하는 일이 잦습니다. 생일 파티는 아이들에게 언제나 신나는 일이지요. 자녀가 친구들과 어울릴 수 있도록 배려하는 엄마의 마음으로 생일 파티를 준비해 보세요.

이렇게도 말해 보세요

Will you come to the singing contest?
노래 대회에 와 주실 거죠?

오늘의 영상 The Kids Make Special Invitations for a Special Event!

라마 친구들이 마을 공동체 사람들을 초대해 고마움을 담은 맛있는 음식을 대접하기 위해 준비합니다. 함께 이벤트를 준비하는 모습에서 이웃을 향한 배려와 협동을 위한 소통 감각을 배울 수 있습니다.

October
12
Day 285

He made a huge mess! What should I do to punish him?

집을 다 엉망으로 만들어 놨네! 어떻게 혼내 줘야 할까?

뒤돌아서면 어지럽혀져 있는 것이 육아의 일상입니다. 여기에 반려동물이 가세한다면 아이들의 도움이 더욱 필요하겠지요. 아이들에게 반려동물을 적절히 훈련시키는 방법을 알려 주면 어떨까요? 아이들이 동물을 사랑하는 만큼 책임감도 배우면 좋겠어요.

이렇게도 말해 보세요

I'll clean it up, mom!
제가 치울게요!

오늘의 책   **Harry the Dirty Dog** by Gene Zion

목욕이 너무 싫은 강아지 Harry는 어느 날 목욕 솔(scrubbing brush)을 땅에 묻어 놓고서는 집에서 도망칩니다. 그런데 하필 도로 공사장이나 기찻길 옆에서 놀다가 금세 더러워지고 마네요. Harry는 곧 하얀 몸의 까만 점박이가 아닌 까만 목의 하얀색 점박이처럼 보이게 됩니다.

March
17
Day 76

Would you like to ask a friend over for supper?

저녁 식사에 친구를 초대해 볼래?

친구들과 어울리는 과정에서 식사 초대는 흔한 일입니다. 사랑하는 내 아이에게 좋은 친구를 사귀게 해 주고 싶은 엄마 마음으로 이렇게 한번 권해 보세요. 아이 친구에게 대접하는 저녁 한 끼는 돈 주고 못 사는 어린 시절의 소중한 경험이 될 거예요.

이렇게도 말해 보세요

Would you like to come for supper?
저녁 먹으러 와 주실래요?

오늘의 책 Beef Stew by Barbara Brenner

맛있는 비프스튜 저녁 식사를 준비하는 엄마가 Nicky에게 친구를 초대해 보라고 권합니다. 신이 난 Nicky는 길에서 만나는 모두를 초대해 보지만 저마다 사정이 있어 안타깝게도 갈 수 없다고 하네요. 결국 맛있는 비프스튜 식사에 함께할 사람은 누구일까요?

October
11
Day 284

She peed here again! I'd better train her quickly.

애가 여기에 또 쉬했네! 어서 훈련을 시키는 게 좋겠어.

한없이 사랑스러운 반려동물이지만 말썽을 부릴 때가 많아요. 사랑하는 대상이 훈련을 받아 잘 성장할 수 있도록 돕는 것도 사랑입니다. 육아도 비슷하지요?

이렇게도 말해 보세요

I will try training her.
나 애를 한번 훈련시켜 볼래요.

오늘의 영상 Teaching Kids to Care for Pets

반려동물 돌보는 방법을 알려 주는 표정이 풍부한 아저씨의 목소리에 귀 기울여 보세요. 동물을 돌보면서 따뜻한 공감 능력과 인내심을 키울 수 있습니다. 강아지와 금붕어를 직접 보여 주며 끊임없이 천천히 말해 주는 아저씨의 목소리가 명료하게 들립니다.

March

18

Day 77

Will you help me with the decoration?

파티 장식하는 것 좀 도와줄래?

파티를 준비하는 과정에서는 아이들을 반드시 참여시키는 것이 좋습니다. 부모님이 모든 것을 대신 해 준다면 아이들은 준비 과정에서 느낄 수 있는 노동의 가치와 감사의 기회를 놓치게 되겠지요?

이렇게도 말해 보세요

Will you help me with the project?
프로젝트 준비 좀 도와주실래요?

오늘의 영상 Cinderella's Invitation to the Ball

신데렐라 가족이 왕궁으로부터 파티 초대를 받는 장면입니다. 디즈니 영화 특유의 과장되고 재미있는 애니메이션과 더불어 urgent message(긴급 메시지), interrupt(방해하다), be honored(영광입니다) 등 표현들을 자연스레 익힐 수 있어요.

October

10

Day 283

Why is he whining all night long?

왜 이렇게 애처롭게 우는 거야?

고양이나 강아지가 밤새 울 때면 어떤 마음일까요? 마치 사랑스러운 아기가 밤새 아플 때처럼 많이 걱정스러울 거예요. 아이도 함께 반려동물을 보살피다 보면 따뜻한 공감 능력과 인내심을 키울 수 있습니다.

이렇게도 말해 보세요

I don't know what's wrong with him.
뭐가 문제인지 모르겠어요.

오늘의 책 Arthur's New Puppy by Marc Brown

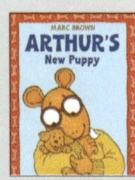

부모님을 겨우 설득해 데려온 강아지가 밤에는 시끄럽게 울 뿐만 아니라 온 집안을 어질러 놓아 난처한 상황에 처하게 된 Arthur. 문제를 잘 해결할 수 있을까요?

March

19

Day 78

What kind of present do you want for your birthday?

생일에 어떤 선물 받고 싶어?

매년 아이의 생일이 돌아올 때마다 반복하는 말입니다. 상대가 원하는 걸 미리 물어보는 것은 배려의 사회적 언어이기도 하지요. 엄마가 주고 싶은 것보다 아이가 원하는 것을 물어 선물해 보세요. 아이가 엄마의 사랑과 배려를 행복하게 느낄 것입니다.

이렇게도 말해 보세요

I want to get a tea-party play set.
저는 소꿉놀이 세트 받고 싶어요.

오늘의 책 Happy Birthday, Moon by Frank Asch

산꼭대기 높이 떠 있는 달에게 생일 선물로 무엇을 갖고 싶냐며 큰 소리로 질문하는 Bear. 돌아오는 메아리를 자신에게 향하는 달의 같은 질문으로 착각해 "I would like a hat."이라 답하지요. 메아리를 달의 말로 착각해 벌어지는 에피소드가 정말 재미있습니다.

October
9
Day 282

Taking care of a pet is a big responsibility.

반려동물을 돌보는 일에는 책임감이 많이 필요해.

'책임감'이라는 말은 미국의 양육 문화에서 자주 사용됩니다. 스스로 독립된 삶을 영위하는 부부는 자녀에게도 비슷한 태도를 요구하고 가르치는 것 같아요. 동물을 길러 보면 어려서부터 책임감을 키울 수 있어 좋습니다.

이렇게도 말해 보세요

I can do it. I will take care of her!
저 할 수 있어요. 제가 보살필게요!

오늘의 영상 Free Hundley

George의 공을 척척 받아치며 호텔을 지키는 개 Hundley의 모습이 늠름합니다. 그런데 잠시 목을 긁적이다가 멋진 경비병 마크가 있는 목걸이 (collar)를 잃어버려 찾는 와중에 어느 친절한 젊은 부인이 집 잃은 개인 줄 알고 그를 데려갑니다.

March
20
Day 79

Did you hand out invitations to your friends?

친구들에게 초대장 나눠줬어?

친구 초대와 관련된 콘텐츠에서 항상 등장하는 단어인 invite와 invitation의 쓰임을 연습해 볼까요? 엄마의 육성으로 한두 번 들려준 단어를 아이들은 평소 즐기는 콘텐츠에서 기가 막히게 찾아 익힌답니다.

이렇게도 말해 보세요

Did you invite grandma?
할머니 초대했어요?

오늘의 영상 Birthday

Maisy가 파티를 준비하는 과정에서 물건이나 음식 이름, 숫자 세기를 배울 수 있어요. 초대된 친구들과 선물을 주고받으며 파티를 즐기는 모습을 통해 기본적인 대화를 엿들으며 말하기 연습을 할 수 있습니다.

October
8
Day 281

Don't you think that's the cutest you've ever seen?

지금까지 본 중에 최고로 귀여운 것 같지 않니?

반려동물을 키워본 적 있나요? 가족이 하나 되어 갓 태어난 작은 강아지나 고양이를 키우다 보면 내 아이에게 생명에 대한 존중감을 어릴 때부터 길러 줄 수 있습니다.

이렇게도 말해 보세요

I wish I could take him to my house!
집에 데려가고 싶어요!

오늘의 책

The Berenstain Bears' New Kitten
by Stan & Jan Berenstain

황소개구리를 잡으며 놀던 Brother는 마침 연못 밖으로 올라가려 갖은 애를 쓰고 있던 아기 고양이를 발견해 집으로 데려옵니다. 흙탕물을 뒤집어쓰고는 매우 초췌한 모습이었던 아기 고양이가 Berenstain 가족의 돌봄으로 어여쁜 모습을 되찾아가는 과정을 함께해 보세요.

March
21
Day 80

• 복습하기 •

Day 74
I can't wait for my birthday!
I can't wait for summer vacation!

Day 75
Will you come to his birthday party?
Will you come to the singing contest?

Day 76
Would you like to ask a friend over for supper?
Would you like to come for supper?

Day 77
Will you help me with the decoration?
Will you help me with the project?

Day 78
What kind of present do you want for your birthday?
I want to get a tea-party play set.

Day 79
Did you hand out invitations to your friends?
Did you invite grandma?

오늘의 노래 — Happy Birthday Song

생일 파티에서 함께 부를 수 있는 노래입니다. 신나는 선율과 리듬에 따라 clap(손뼉 치다), sing(노래하다), reach(손을 뻗다) 등 다양한 동작 동사들을 배울 수 있습니다. 신나는 파티의 배경 음악으로도 좋을 것 같아요.

October

7

Day 280

• 복습하기 •

Day 274
Which animals do you want to go and see first?
Which section shall we go first?

Day 275
Look at the lions! They look so peaceful.
Aren't they scary?

Day 276
How enormous the elephant is!
I wonder how much he eats a day!

Day 277
The sloth looks sleepy. Where are the others?
There's another one over there!

Day 278
Wanna try feeding them?
Can I try feeding them?

Day 279
Would you like me to take a picture of you with the dolphins?
I'd like to take a picture of them by myself!

오늘의 노래 Let's Go to the Zoo

stomp(발구르다), jump(깡총 뛰다) 등 동물마다 자주 하는 행동을 나타내는 동사를 배울 수 있습니다. 흥겨운 리듬의 노래와 함께 단어를 즐겁게 익혀 보세요.

March
22
Day 81

Here you go again!

또 시작이구나!

아이들의 싸움을 발견하면 혼잣말처럼 자연스레 나오게 될 말입니다. 크고 작은 다툼은 형제나 자매가 있는 가정에서는 일상이지요. 성장하는 과정에서 흔하게 일어나는 일인 만큼 자연스럽게 받아들이는 것이 좋습니다.

이렇게도 말해 보세요

It's not my fault! He took mine first!
제 잘못이 아니에요! 형이 내 것을 먼저 가져갔어요!

오늘의 책   That Is Not a Good Idea! by Mo Willems

길에서 엄마 오리를 발견하고는 "What luck! Dinner!"라 외친 늑대는 조심스레 동행을 제안하며 자신의 부엌까지 그녀를 이끌지만 정작 뜨거운 수프 냄비에 빠진 것은 엄마 오리가 아닙니다. 아기 오리들의 "That is not a good idea!"는 누구를 향한 걱정이었을까요?

October

6

Day 279

Would you like me to take a picture of you with the dolphins?

돌고래랑 사진 찍어 줄까?

동물원에서 빠질 수 없는 것은 사진이지요. 아이가 직접 동물 사진을 찍어 현상해 스크랩하도록 도와주세요. 사진은 자연 관찰 책처럼 유익한 교육 자료가 될 것입니다.

이렇게도 말해 보세요

I'd like to take a picture of them by myself!
제가 직접 사진 찍고 싶어요!

오늘의 영상 Robert Irwin's Virtual Australia Zoo Tour!

친근한 동네 오빠같은 Robert가 호주에 있는 동물원 속 앵무새, 코알라, 뱀과 악어 등 다양한 동물들에 대해 차례로 소개합니다. 직접 먹이도 주고 대화를 나누며 다양한 동물들과 교감하는 모습에서 마치 진짜 동물원에 와 있는 듯한 경험을 제공합니다.

March
23
Day 82

Why are you so annoyed?

왜 이렇게 짜증이 났어?

싸우면 화가 나고 짜증이 나는 것은 아이들도 어른들도 마찬가지입니다. 분노의 감정이 아이 마음을 파고들 때에는 따뜻한 스킨십으로 충분히 위로를 건넨 이후에 이렇게 물어야 한다는 것을 잊지 마세요.

이렇게도 말해 보세요

Why are you so upset?
왜 이렇게 화가 나셨어요?

오늘의 영상 The Berenstain Bears Get in a Fight

Brother와 Sister가 잠에서 깨어나 또 싸움을 시작했어요. 어느 집에서나 일어날 수 있는 일상적인 남매간 다툼은 누구에게나 공감 가는 스토리입니다.

October

5
Day 278

Wanna try feeding them?

먹이 한번 주고 싶니?

누군가를 먹여 생명을 공급해 준다는 것이 얼마나 가슴 뿌듯한 일인지 기억하시나요? 세상 모든 엄마들이 경험했던 그 행복한 감정을 아이에게도 조금이나마 느껴 보게 해 주세요.

이렇게도 말해 보세요

Can I try feeding them?
먹이 한번 줘도 될까요?

오늘의 책   Put Me in the Zoo by Robert Lopshire

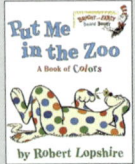

"Will you keep me in the zoo?(나 좀 여기 있게 해 줄래?)" "I want to stay in here with you.(나 여기 머물고 싶어.)" 빨간 점박이 무늬의 주인공 동물이 동물원에 머물고 싶다고 간청하지만 거부당합니다. 그러자 그는 몸에 있는 점박이들로 다양한 재주를 뽐내는데요. 점박이 무늬라는 소재 하나로 아이들의 시선을 붙잡는 작가의 상상력이 돋보입니다.

March

24

Day 83

Who did it first?

누가 먼저 그랬니?

아이들의 싸움이라고 가볍게 여기는 것은 좋지 않아요. 양쪽의 주장을 공평하게 천천히 들어 주는 엄마의 차분한 대처가 필요합니다. 아이들이 억지를 부리는 것은 자신의 입장에 공감을 원하는 의사 표현이니까요. 마음이 받아들여져야 훈육이 가능합니다.

이렇게도 말해 보세요

Jun-ho hit me first.
준호가 먼저 쳤어요.

오늘의 책 D.W., Go to Your Room! by Marc Brown

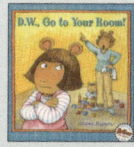

블록 놀이를 하던 D.W.는 아기 동생 Kate가 방해를 하자 화가 납니다. Kate에게 소리를 지르며 화를 내니 엄마는 D.W.에게 방에 가 있으라고 벌을 주네요. 형, 누나나 동생의 방해로 일이 그릇되어 본 경험이 있는 모든 친구들에게 공감 갈 만한 이야기입니다.

October 4

Day 277

The sloth looks sleepy. Where are the others?

저 나무늘보는 졸려 보인다. 다른 애들은 어디 있는 거지?

동물원에서 가장 많이 주고받는 말 아닐까요? 신기한 동물들의 특성을 관찰하고 나머지 친구들은 어디 있는지 찾아 보기도 하면서 아이들은 신비로운 동물의 세계를 즐기고 사랑하는 마음을 기를 수 있어요.

이렇게도 말해 보세요

There's another one over there!
저기 다른 한 마리가 더 있어요!

오늘의 영상   George at the Zoo!

가까운 동물원에 판다가 있다는 소식을 듣고는 부리나케 찾아간 George. 아기 판다의 귀여운 모습에 푹 빠져 밤늦게까지 머물다가 그만 동물원에 갇히고 맙니다!

March
25
Day 84

Take a deep breath and count to five!

숨을 깊이 들이마시고 다섯까지 세어 봐!

싸움이 일어나면 아이들은 쉽사리 감정을 바로잡기 힘들어요. 천천히 마음을 가라앉힐 여유가 필요합니다. 아이의 양손을 잡은 채 두 눈을 바라보며 부드럽게 말해 보세요.

이렇게도 말해 보세요

Calm down and take it easy.
진정 좀 해 보세요.

오늘의 영상   When I Get Angry

일상 회화가 많은 Daniel Tiger 영상에서 동생과 다툼이 있는 날의 이야기입니다. 오가는 대화를 들으며 화가 났을 때의 자연스러운 표현을 익혀 보세요. 중간중간 노래 속 대사들에서도 유용한 문장들을 배울 수 있을 거예요.

October

3

Day 276

How enormous the elephant is!

저 코끼리는 정말 크다!

enormous, giant, huge 등 '거대한' 크기를 묘사하는 말은 다양합니다. 영어 그림책이나 영상에 자주 등장하는 이 말들을 사용해 아이의 어휘력을 키워 주세요.

이렇게도 말해 보세요

I wonder how much he eats a day!
하루에 얼마나 먹는지 궁금해요!

오늘의 책   The Way to the Zoo by John Burningham

어느 날 Sylvie가 잠들기 전, 이전에는 없던 것처럼 보이는 문을 벽에서 발견해 들어가니 놀랍게도 동물원으로 연결됩니다. 아기 곰, 코알라, 펭귄, 호랑이 등 다양한 동물들을 매일 한두 마리씩 데려와 자신의 방에서 보살피고 재우는 따뜻한 Sylvie의 밤과 함께해요.

March

26

Day 85

I think you should apologize first.

네가 먼저 사과하는 게 좋겠구나.

감정이 고조된 상황에서 바로 사과를 강요하는 것은 좋지 않아요. 화난 마음을 진정시키고 아이가 스스로 잘못을 느끼는 시점이 오면 진지하게 이야기해 보세요. 중요한 것은 먼저 아이의 마음을 들어 주는 것입니다.

이렇게도 말해 보세요

He should apologize first.
그 애가 먼저 사과해야 해요.

오늘의 책 T-Rex Is Missing! by Tomie dePaola

Morgie는 가장 친한 친구 Billy를 초대해 놀다가 가장 좋아하는 공룡 인형 T-Rex를 그만 잃어버리고 맙니다. Morgie는 Billy를 의심하고, 결국 둘은 크게 다투게 되지요. 오해로 친구와 다툰 적이 있다면 공감할 내용입니다. "You need to tell Billy you are sorry." 화해를 권하는 엄마의 언어 한마디도 배워 보세요.

October

2

Day 275

Look at the lions! They look so peaceful.

저 사자들 좀 봐 봐! 정말 평화롭게 보이는구나.

사파리에서 가장 인기 많은 동물은 사자가 아닐까요? 키가 작은 아이들을 무등 태우고 고요하고 평화롭게 쉬고 있는 사자를 마주하면 그림책 속 사자가 더욱 친근해질 것입니다.

이렇게도 말해 보세요

Aren't they scary?
(사자들) 무섭지 않아요?

오늘의 영상   Zoo Animals

Steve 아저씨가 동물원에 가서 다양한 동물을 만나 영어 말하기 연습을 자연스레 유도해 줍니다. "Let's pretend to be tigers!(호랑이 흉내를 내 봅시다!)" 재미있게 동물 흉내를 내는 아저씨를 따라 동물 놀이를 즐겨 보세요!

March
27
Day 86

I don't want you to get grumpy.

심술 부리지 않았으면 좋겠구나.

영어 그림책을 읽다 보면 등장 인물의 심통이 난 표정과 함께 자주 등장하는 단어가 바로 'grumpy'입니다. 물론 같은 맥락에서 영어 영상에서도 자주 들을 수 있는 말이지요. 아이 얼굴에 잔뜩 심술보가 붙어 있다면 이렇게 말해 보세요.

이렇게도 말해 보세요

I don't want you to get mad.
엄마가 화가 나지 않았으면 좋겠어요.

오늘의 영상 Caillou Fights with Rosie

Caillou는 엄마가 쉴 수 있도록 그림 놀이를 하며 Rosie를 돌보려 합니다. 하지만 어느새 벽에 그림을 그려 오빠를 당황하게 만드는 Rosie. Caillou는 동생을 말리려다 엄마에게 오히려 혼이 나고, 너무 슬픈 나머지 눈물샘이 터지고 말았네요.

October 1

Day 274

Which animals do you want to go and see first?

어느 동물을 먼저 가서 볼까?

아이들이 가장 좋아하는 장소 중 하나는 단연코 동물원입니다. 늘 그림책이나 영상에서만 간접적으로 보던 동물들을 실제로 보게 되면 얼마나 신기할까요?

이렇게도 말해 보세요

Which section shall we go first?
어느 구역으로 먼저 갈까요?

오늘의 책 Dear Zoo by Rod Campbell

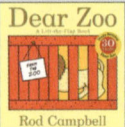

반려동물을 키우고 싶은 아이는 동물을 보내 달라는 편지를 동물원에 보냅니다. 그러자 선물 박스 안에 담겨 온 동물이 한 마리씩 팝으로 튀어나오네요! 아이는 반려동물로 적합하지 않은 이유를 말하고는 매번 반복해 이렇게 외칩니다. "I sent him back!(되돌려 보냈어요!)"

March

28

Day 87

• 복습하기 •

Day 81
Here you go again!
It's not my fault! He took mine first!

Day 82
Why are you so annoyed?
Why are you so upset?

Day 83
Who did it first?
Jun-ho hit me first.

Day 84
Take a deep breath and count to five!
Calm down and take it easy.

Day 85
I think you should apologize first.
He should apologize first.

Day 86
I don't want you to get grumpy.
I don't want you to get mad.

오늘의 노래 ### The Little Witch

'Sofia The First'에 나오는 노래이지요. 짓궂은 장난으로 친구들에게 마법을 부려 신뢰를 잃은 Little Witch가 Sofia 공주의 중재로 친구들에게 건 마법을 풀어 용서를 구합니다. "I'll forgive you!"라며 너그러이 Little witch를 용서하는 친구들의 따뜻한 태도가 엄마 미소를 불러일으킵니다.

October

Animals and Nature

10월에는 동물과 자연에 관련된 대화 주제를 담았습니다. 동물원에서, 그리고 반려동물과 식물, 나무, 산, 강에 대해서 이야기를 나누다 보면 아이의 호기심은 자라나고 사고력도 커질 거예요.

Zoo
Pets
Plants and Trees
Mountain and River

March

29

Day 88

● 엄마표 영어 Q&A ●

Q. 엄마표 영어를 할 때 '집중 듣기(청독)'를 꼭 해야 하나요?

활자를 따라 소리를 들으며 읽는 활동을 엄마표 영어에서 '집중 듣기' 혹은 '청독'이라고 표현합니다. 집중 듣기가 영어 습득에 있어서 늘상 절대적인 것은 아닙니다. 우리말 환경에서 모든 친구들이 책 읽기로만 언어적 소통 능력을 키우는 것은 아니지요? 영어의 소리는 사실 원어민과의 대화를 통한 인풋이 가장 기본이지만 우리는 매번 그런 환경을 제공할 수는 없기 때문에 보조적인 수단으로 영어 영상 이외에 간결한 대화체와 정제된 작가의 언어를 들려주는 것입니다.

집중 듣기가 어렵다면 활자가 나오는 온라인 북 영상 보기나 사고력과 문해력을 키워 주는 우리말 책 읽기, 파닉스 또는 사이트워드나 영어 교재 수업으로 대체할 수 있어요. 본질은 끊임없이 아이의 생활 반경에서 제공되는 소리 인풋, 즉 영어 환경이라는 생각으로 접근해 보세요. 영어책을 많이 읽지 않아 불안한 마음을 잠재울 수 있을 거예요.

September 30
Day 273

• 자녀교육 칼럼 •

"Don't say 'You are too big.'"

초보 엄마의 가장 큰 실수는 첫째 아이를 무심코 다 큰 아이처럼 여기는 것입니다. 특히 아이의 학령기가 가까워질수록 학교 생활에 대비하고자 여러 가지 학습을 시키다 보니 아이가 그 모든 것을 어서 해내도록 돕고 싶은 마음에 자꾸 다그치게 되지요. 엄마가 어린 시절 자신이 아이였을 때 서투르던 모습을 까맣게 잊은 채 가르치면서 나타나는 현상입니다. 그러나 둘째, 셋째를 낳아 키우게 되면 다릅니다. 첫아이에게 했던 실수를 되풀이하지 않으려고 여유 있는 육아를 하게 될 때가 많습니다.

잊지 마세요. 첫째 아이는 여전히 '아이'입니다. 아동의 발달 수준에서 객관적으로 아이를 바라보아야 평생 자존감의 근원이 될 편안하고 허용적인 엄마의 사랑을 꾸준히 공급할 수 있습니다. 내 사랑하는 첫아이는 여전히 엄마의 따뜻한 관심과 사랑, 보살핌이 필요하다는 사실을 잊지 마세요.

March
30
Day 89

• 엄마표 영어 Q&A •

Q. 책을 읽을 때 손가락으로 활자를 가리키질 않는데 괜찮을까요?

아이가 글자를 잘 익히게 하기 위해 파닉스 수업을 듣게 할 수도 있겠지만, 엄마표 영어에서 자주 사용하는 방식은 활자를 하나하나 따라 읽도록 하는 '책 듣기 활동'입니다. 오랜 기간 책을 읽어 주면 저절로 음가뿐 아니라 어느새 단어 읽기도 익히게 되는 경우가 많답니다. 아이가 영어 소리에 익숙해지면서 글자가 함께 나오는 그림책을 보면 활자에도 자연스레 관심을 보이게 되는 거지요.

처음에는 엄마가 손가락으로 짚어 주며 읽기를 시도해 보다가 차차 아이 스스로 하도록 권유해 보세요. 그러나 아직 어린 아이들이 주의를 집중해 활자를 하나하나 짚는 것은 쉬운 일이 아닙니다. 아이가 적응이 되어 눈이 잘 따라가는 듯 보이면 아이를 믿고 맡겨 보세요. 그림을 보느라 글자를 놓치는 경우는 아주 흔합니다. 절대 화내지 말고 부드럽게 다시 음원을 틀어 주시면 집중 듣기가 자연스러운 일상의 루틴이 될 수 있을 거예요.

September
29
Day 272

• 엄마표 영어 Q&A •

Q. 엄마표 영어를 하고 싶지만 발음이 좋지 않아요.

전혀 영어가 사용되지 않는 일상에서 영어를 배울 때, 즉 한국이나 일본과 같은 EFL(English as a Foreign Language) 환경에서 오직 엄마가 영어책만 읽어 주는 방식의 엄마표 영어를 진행중이시라면 솔직히 엄마의 발음을 따라갈 여지가 있습니다. 그러나 모국어 습득 방식인 엄마표 영어의 기본은 원어민의 소리를 직간접적으로 맥락에 맞는 장면이나 상황과 더불어 꾸준히 제공하는 것입니다. 엄마가 읽어 주는 영어 소리 외에 원어민이 읽어 주거나 들려 주는 다양한 콘텐츠를 끊임없이 제공해 보세요. 아이가 영어 영상을 하루에 한 시간 이상 볼 수 있다면 엄마가 읽어 주는 것보다 훨씬 많은 양의 소리 자극을 제공해 줄 것입니다.

엄마가 영어책을 읽어 주며 소통하는 시간은 영어 학습보다는 따뜻한 정서적 교감과 우리말 대화, 대략적인 해석을 위한 보조적 장치로서 소모되는 것이라 생각해 주세요. 물론 둘 다 아이의 언어적 성장에 너무나 중요하지만, '영어 습득'이라는 측면에서는 원어민의 소리 노출 시간이 더 많아야겠지요?

March 31
Day 90

· 자녀교육 칼럼 ·

"I think you should apologize to him/her."

아이가 친구와 다투면 초보 부모들은 어찌할 바를 몰라 당황하곤 합니다. 사태를 어서 해결하고 싶은 마음에 우선 간단히 사과를 먼저 시키거나 무심코 양보를 권하지요. 그러나 이 문제는 그리 간단한 것이 아닙니다. 어린 친구들끼리 즐겁게 뛰어노는 것이 어른들의 눈에는 가벼워 보일지 몰라도 사실 아이들은 그 속에서도 계속해서 원칙과 규범, 자율성과 일관성 등 삶의 원리를 배우고 있는 중입니다.

아이가 누군가와 다툼을 겪으면 우선 아이의 감정을 헤아려 충분히 공감해 주는 것이 필요해요. 내 아이에게 억울한 점이 없는지 살피는 것이 중요합니다. 아이의 과장된 피해 의식이라도 먼저 들어 주고 객관적으로 파악한 이후 잘못을 부드럽게 지적해 정식으로 사과하도록 지도해 주세요. 만약 정말 억울한 점이 있다고 판단되면 그 일에 대해서도 상대편 아이에게 부드럽게 알려 사과하도록 조정해 주는 것이 좋습니다. 아이들의 세계를 존중해 주세요. 존중해 준 만큼 아이들의 마음은 성장할 것입니다.

September
28
Day 271

• 복습하기 •

Day 265
Milk is running out. Time for the grocery shopping.
We're running out of eggs.

Day 266
What snacks do you want?
I need some chocolate!

Day 267
Where is the vegetables section? Do you see the sign?
There it is! I see the sign.

Day 268
We've got three things on the shopping list.
We'll buy cucumbers, onions and some drinks.

Day 269
We already have plenty of snacks at home.
But I want some more!

Day 270
You are too big for the cart.
Shopping on foot is too tiring.

오늘의 노래 Shopping Song

"Let's go shopping!(쇼핑하러 가요!)" "What do we want to buy?(우리 뭘 사지?)" "What do we need?(우리 뭐가 필요하지?)" 등 쇼핑 가서 하는 말을 노래로 불러 보세요.

April

Feeling

4월에는 아이의 기분과 감정을 표현하는 말들을 담았습니다. 행복하고 감사한 마음, 슬프고 화가 나는 감정, 재미있거나 지루하거나 짜증이 날 때 자기 감정을 영어로 표현하는 연습을 해 봅시다.

**Happy and Grateful
Sad and Mad
Excited and Bored
Annoyed**

September
27
Day 270

You are too big for the cart.

너는 너무 커서 카트에 탈 수 없어.

아이가 크면 카트에 더 이상 앉지 못하는 시기가 옵니다. too라는 표현은 '너무'라는 뜻 외에 부정적인 의미가 부가될 때가 많습니다. '너무 ~해서 ~할 수 없다'라는 의미로 사용해 보세요.

이렇게도 말해 보세요

Shopping on foot is too tiring.
걸으면서 하는 쇼핑은 너무 피곤해요.

오늘의 영상   Shopping

Peppa 가족이 다함께 쇼핑에 나섭니다. 하나씩 카트에 담는 모습을 보다 보면 준비성 있는 가족의 쇼핑 언어를 배울 수 있어요. 그리고 영국에서는 cart 대신 trolley라는 단어를 사용한다는 것도 알게 됩니다.

April
1

Day 91

I'm so happy to have you here.

너와 함께 있어 너무 행복해.

우리는 살아가며 함께 있다는 것만으로 행복하다는 것을 결혼과 출산으로 더욱 깊이 경험합니다. 아이에게 화가 나고 실망할 때도 있지만 아이가 내 곁에 있는 것이 축복이라는 것을 이내 깨닫곤 하지요. 오늘 아이에게 이 말을 전해 보세요.

이렇게도 말해 보세요

I'm feeling happy to have you here!
엄마와 함께라 기분이 좋아요!

오늘의 책 Love You Forever by Robert Munsch

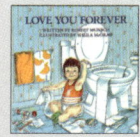

아이 마음 전문가처럼 아이의 눈높이에서 창의적인 스토리를 만들어 온 Robert Munsch 작가의 명작입니다. 반복되는 문장들과 구절을 나지막한 목소리로 밤마다 아이 귓가에 들려 주세요. 엄마의 영어뿐 아니라 마음 공부를 위해서도 최고의 책이 될 것입니다.

September
26
Day 269

We already have plenty of snacks at home.

간식은 이미 집에 많은데.

쇼핑 목록에 없는 것을 아이가 원할 때에는 부드럽게 잘 타일러 주세요. 충동적으로 무심코 물건을 담지 않으려면 집에 무엇이 있었는지 아이와 함께 상기해 봅시다.

이렇게도 말해 보세요

But I want some more!
하지만 더 필요하단 말이에요!

오늘의 책 The Shopping Basket by John Burningham

반복적인 패턴으로 아이들의 흥미를 일으키는 이야기를 만들어 내기로 유명한 동화 작가 John Burningham의 쇼핑 이야기입니다. 엄마의 쇼핑 심부름을 다녀오는 길, 호시탐탐 장바구니 속 음식을 노리는 동물들을 잘도 따돌리는 아이의 기지가 돋보이네요. 그림을 보며 음식의 개수를 세어 보는 재미도 느껴 보세요.

April
2
Day 92

I'm thrilled to see you smiling.

네가 웃는 모습을 보니 가슴이 벅차구나.

사랑하는 엄마에게 햇살같은 미소를 지어줄 때 이렇게 말해 보세요. 근심도 걱정도 없는 행복한 어린 시절, 엄마가 웃으며 건네주는 이 따뜻한 말로 아이는 살아가는 내내 힘을 낼 수 있을 거예요.

이렇게도 말해 보세요

I'm so proud to see you enjoy reading.
엄마가 독서를 즐기시는 모습을 보니 너무 자랑스러워요.

오늘의 영상 Journey to the Centre of the Earth

소인국의 막내 쌍둥이 요정들을 위해 가정교사 선생님이 찾아오셨는데, Ben과 Holly는 짓궂은 장난으로 선생님을 사라지게 하는 마법을 부립니다. 하지만 아이들을 신뢰하는 선생님의 말이 감동이네요. "If you trust a child, he will repay your trust.(당신이 아이를 신뢰하면, 아이는 그 믿음에 보답할 거예요.)"

September
25
Day 268

We've got three things on the shopping list.

쇼핑 목록에 세 가지가 있네.

마트 쇼핑의 가장 큰 단점은 자꾸 충동구매를 하게 된다는 점이지요. 미리 쇼핑 목록을 적어가는 모습을 아이에게 보여 주면 조절 능력 키우기나 경제 교육에 좋을 것입니다.

이렇게도 말해 보세요

We'll buy cucumbers, onions and some drinks.
오이, 양파, 그리고 약간의 음료가 필요해요.

오늘의 영상 Daniel and Mom Go to the Market

아침 식사 이후 엄마와 함께 마트에 가서 즐겁게 쇼핑을 하는 과정을 자세하게 엿볼 수 있어요. 식사 중 실수로 컵을 깼을 때 "Stop! And listen to stay safe!(멈춰 봐! 안전하게 있으라는 말 들으렴!)"이라는 엄마의 다급한 외침을 통해 위험한 상황에서의 적절한 대처법도 배울 수 있답니다.

April 3
Day 93

You look like the cat got the cream!

기분이 아주 좋은 것 같구나!

달콤한 크림을 가지고 있는 고양이가 아주 기분 좋은 소리를 내는 모습을 상상해 보세요. 아이들이 맛있는 음식을 앞에 두고 흥분할 때 엄마가 웃으며 한마디 내뱉을 수 있는 비유적 표현입니다.

이렇게도 말해 보세요

You look like you're over the moon!
기분 아주 좋아 보이네요!

오늘의 책 The Very Hungry Caterpillar by Eric Carle

알에서 막 부화해 배고픈 애벌레가 매일 새로운 음식을 먹고 성장해 나비가 되는 과정이 작가의 따뜻한 언어로 그려집니다. 알록달록한 음식 그림을 보며 요일과 숫자 말하기 놀이를 할 수 있어요.

September
24
Day 267

Where is the vegetables section? Do you see the sign?

채소가 어디 있지? 안내판 보여?

내게 필요한 물건이 있는 코너를 찾을 때 물어보는 것이 불편해 그냥 시간을 보낼 때가 많습니다. 주변 사람들이나 아이에게 도움을 받으면 쉽게 찾을 수 있는데도 말이지요.

이렇게도 말해 보세요

There it is! I see the sign.
저기 있어요! 안내판이 보여요.

오늘의 책 Caps for Sale by Esphyr Slobodkina

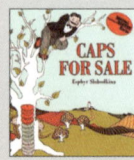

알록달록 색깔별로 모자들을 세워 쓰고는 아슬아슬 마을을 걸어다니며 모자를 파는 아저씨가 잠시 나무에 기대어 눈을 붙이는 사이에 머리 위 모자들이 몽땅 사라졌어요. 이후 펼쳐지는 이야기는 세상 모든 아이들의 흥미를 붙들어 두기에 충분합니다. 모자 장수 아저씨의 대사를 따라 하는 재미도 느껴 보세요.

April

4

Day 94

I feel good to see you improve!

네가 발전하는 걸 보니 기분이 좋구나!

내 아이의 성장만큼 엄마를 기쁘게 하는 일은 없을 거예요. 다른 사람을 보지 말고 내 아이의 과거와 비교해 얼마나 향상되어 왔는지에 더 집중해 보세요. 아이와의 관계를 돈독히 하며 진정한 성장을 이루는 것이 육아와 교육의 기본이랍니다.

이렇게도 말해 보세요

I feel pleased to see you here.
엄마를 여기에서 보니 기분이 좋아요.

오늘의 영상 Olivia Measures Up

롤러코스터를 탈 수 있을 정도로 키가 자란 Olivia는 신이 나서 아빠와 즐거운 시간을 보냅니다. "When you're grown up, Ian will probably be much bigger than you.(네가 자라면 아마도 동생이 너보다 훨씬 클 거야.)" 그런데 키가 작아 아직 롤러코스터를 타지 못하는 남동생 Ian이 언젠가 누나보다 클 거라 말하는 아빠에게 기분이 상해버렸네요.

September
23
Day 266

What snacks do you want?

어떤 간식을 원해?

아이들의 마음을 움직이는 데 필요한 별것 아닌 것 같은 별것. 바로 간식입니다. 마트에 갈 때에는 아이에게 꼭 물어보세요. 영어 콘텐츠를 즐기는 시간에 함께할 필수품이니까요.

이렇게도 말해 보세요

I need some chocolate!
저는 초콜릿이 필요해요!

오늘의 영상 The Giant Mall

Berenstain Bears 가족이 아빠가 테이블을 만들 때 필요한 공구를 찾아 새로 생긴 대형 쇼핑몰에 방문합니다. 휴대폰이 없던 시절, 대형 마트에서 길을 잃지 않도록 가족이 서로 약속을 하는 모습이 재미있어요.

April
5
Day 95

I really appreciate it!

정말 고마워!

아이가 엄마를 도와주도록 작은 일을 시켜 보는 것은 독립심과 자율성을 길러 주는 좋은 육아법입니다. 아이가 도움을 주면 활짝 웃으며 이렇게 말해 보세요. 엄마가 먼저 고마움을 자주 표현하면 아이도 감사를 표현하는 태도를 배울 것입니다.

이렇게도 말해 보세요

Thanks a bunch!
정말 고마워요!

오늘의 책   Helping Mom by Mercer Mayer

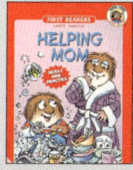

저녁에 할아버지와 할머니가 오신다고 하는데 하필 엄마가 아프세요. "I know just how to help!(어떻게 돕는지 알아요!)"라며 엄마를 돕고 싶어 두 팔을 걷어 나선 Little Critter가 과연 집안일을 잘 해낼 수 있을까요?

September
22

Day 265

Milk is running out. Time for the grocery shopping.

우유 다 먹어가네. 식료품점(마트) 가야 할 시간이야.

'run out'은 채워 넣어야 하는 소모성 물건을 말할 때나 음식이 떨어지고 있는 상황에서 쓰는 말이에요. 냉장고를 열어 마트에 가야 할 때 이렇게 말해 보세요.

이렇게도 말해 보세요

We're running out of eggs.
달걀이 떨어지고 있어요.

오늘의 책

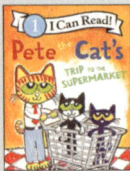

Pete the Cat's Trip to the Supermarket
by James Dean

간식을 찾는 아들의 물음에 냉장고와 저장고를 살피던 아빠가 말씀하십니다. "We need to buy groceries!(식료품 좀 사러 가야겠는걸!)" 그런데 어쩌나요. 미리 적어간 쇼핑 목록이 바람에 날아갔어요. 가족은 과연 목록에 적힌 품목을 기억해 모두 살 수 있을까요?

April

6

Day 96

I couldn't have done this without you. Thank you.

너 없이는 못 했을 거야. 고마워.

자존감을 채워 주는 마법같은 말입니다. 아이에게 도움을 받으면 꼭 이렇게 말해 주세요. 어린 나도 어른을 도울 수 있다는 뿌듯한 마음에 자기효능감이 더욱 커질 거예요.

이렇게도 말해 보세요

What would I do without you? Thank you!

엄마 없었으면 어쩔 뻔했어요? 고마워요!

오늘의 영상 Mom Tiger Is Sick

Daniel 가족이 과일 따기 체험의 날 초대장을 만드는데, 엄마가 갑자기 재채기를 시작합니다. 재채기를 하면 'Bless you!'라 말해 주는 언어 문화를 배울 수 있어요. 아픈 엄마를 대신해 Daniel이 아빠와 함께 엄마를 간호하고, 초대장도 잘 만드는 모습이 의젓합니다.

September
21
Day 264

• 복습하기 •

Day 258
You look pale! Are you feeling sick?
I think I have a stomachache.

Day 259
Let me feel your forehead. You have a fever.
Do I have a fever right now?

Day 260
You'd better stay in bed today.
I can't move at all. Can you take me to bed?

Day 261
I think you should go to see a doctor.
I think I should go to the hospital.

Day 262
You should take the medicine three times a day.
I don't want to take the medicine. It's too bitter!

Day 263
I'm so pleased to see you get better.
I feel a bit better already!

오늘의 노래 ## Sickness - Hospital Play

병원에 가서 증상을 말하고 처방을 받는 대화입니다. "I have a runny nose.(콧물이 줄줄 나요.)" "I have a stuffy nose.(코가 꽉 막혔어요.)" 등 유용한 표현을 배워 보세요.

April

7

Day 97

• 복습하기 •

Day 91
I'm so happy to have you here.
I'm feeling happy to have you here!

Day 92
I'm thrilled to see you smiling.
I'm so proud to see you enjoy reading.

Day 93
You look like the cat got the cream!
You look like you're over the moon!

Day 94
I feel good to see you improve!
I feel pleased to see you here.

Day 95
I really appreciate it!
Thanks a bunch!

Day 96
I couldn't have done this without you. Thank you.
What would I do without you? Thank you!

오늘의 노래 **If You're Happy**

유명한 동요 '우리 모두 다같이 손뼉 쳐!'와 같아 익숙한 선율과 리듬에 따라 즐겁게 노래를 배워 볼까요? 'if you~'로 시작하는 노래의 첫 대사를 통해 '만약에 ~하다면'이라는 뜻을 자연스레 익힐 수 있습니다.

September

20

Day 263

I'm so pleased to see you get better.

네가 더 나아진 모습을 보니 기쁘구나.

아픔을 견뎌낸 아이뿐 아니라 간호하는 엄마도 얼마나 고생이 많았을까요. 오늘 아이가 건강하게 내 옆에 있다면 그것만으로 감사하는 하루 되시길.

이렇게도 말해 보세요

I feel a bit better already!
저는 이미 조금 나아진 것 같아요!

오늘의 영상 Doctor Caillou

신나게 박람회(fair) 외출 준비를 끝내고 엄마 방에 들어온 Caillou와 Rosie. 그런데 엄마가 심한 감기에 걸려 이렇게 말합니다. "Mommy is not feelling very well.(엄마 몸이 안 좋아.)" 아빠조차 바빠서 데려다줄 수 없다고 하자 아이들은 엄마를 위해 병원 놀이를 시작합니다.

April

8

Day 98

You're driving me crazy.

정말 미치도록 화나게 하는구나.

아이를 기르면서 미치도록 화나본 적 없는 부모는 없습니다. 천사 같은 내 아이지만 항상 그런 것은 아니기 때문이지요. 그러나 아이가 자라며 거부하고 고집을 부리는 현상은 성장 과정에서 매우 자연스럽다는 사실을 잊지 마세요.

이렇게도 말해 보세요

You're getting mad at me.
엄마는 저한테 화나고 있어요.

오늘의 책   The Bad Seed by Jory John

'비뚤어질테다!'라고 작정이라도 한 듯 온갖 나쁜 행동을 일삼는 주인공 Bad seed의 마음을 들여다 보세요. '대체 왜 저럴까?' 비난을 하다가도 때로는 공감하며 재미있게 이야기에 빠져들 것입니다.

September
19

Day 262

You should take the medicine three times a day.

하루에 세 번 이 약을 먹어야 해.

엄마는 아이가 어서 빨리 회복되기를 바라는 마음으로 약을 먹입니다. 이때, 갖은 노력을 다하는 엄마 마음을 누가 알까요. 오직 아이의 건강한 회복을 위해 노력하는 세상의 모든 엄마들을 존경합니다.

이렇게도 말해 보세요

I don't want to take the medicine. It's too bitter!
그 약 먹고 싶지 않아요. 너무 써요!

오늘의 책 A Sick Day for Amos McGee by Philip C. Stead

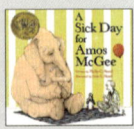

동물원 사육사 Amos 아저씨가 아파서 출근을 하지 못한 날, 늘 그에게서 진심어린 배려와 돌봄을 받던 동물들은 함께 동물원을 나서서 아저씨의 집에 방문합니다. 따뜻한 배려와 사랑은 돌고 돈다는 깊은 울림을 주는 이야기예요.

April

9

Day 99

Why are you frowning?

왜 표정이 일그러졌니?

엄마가 되고 보니 참 많은 것이 바뀌었어요. 아이의 표정에 따라 내 기분이 오르락내리락 할 때가 많습니다. 아이가 인상을 잔뜩 찌푸리고 있을 때에는 가슴이 철렁 내려앉기도 합니다. 이럴 때에는 침착하게 냉정을 되찾아 부드럽게 이유를 물어보세요.

이렇게도 말해 보세요

Why are you so annoyed?
왜 그렇게 기분이 안 좋으세요?

오늘의 영상 Pete the Cat and His Magic Sunglasses

우울한 Pete에게 어느 날 짜증 많은 두꺼비가 마법의 파란 안경을 전해 줍니다. 이럴 수가! 안경을 쓰기만 하면 우울한 기분이 싹 사라지네요! 마법 안경을 써 본 친구들에게 세상은 어떻게 보일까요? 아이와 함께 찾아 즐겁게 말해 보세요!

September
18
Day 261

I think you should go to see a doctor.

아무래도 의사 선생님을 만나러 가 보아야겠구나.

아이가 많이 아파 보이면 자주 하게 되는 말입니다. 아이가 어릴 때에는 건강하고 씩씩하게 자라기만 한다면 바랄 게 없는 것이 부모 마음이지요. 오늘도 아무도 아프지 않는 건강한 하루가 되길 바랄게요!

이렇게도 말해 보세요

I think I should go to the hospital.
저 아무래도 병원에 한번 가 봐야 할 것 같아요.

오늘의 영상 Doctor Checkup

소아과, 안과뿐 아니라 수의사 선생님들이 하는 일과 의미에 대해 애니메이션과 내레이션으로 잘 설명해 줍니다. 일상에서 병원에 방문한 경험이 종종 있는 아이들은 화면을 보며 checkups(진료), stethoscope(청진기) 등 병원 관련 기본 어휘를 익힐 수 있어요.

April

10

Day 100

I feel like
I want to scream.

소리를 지르고 싶은 기분이 드는구나.

우리는 부지불식간에 감정을 행동으로 표현하게 될 때가 있어요. 아이의 감정은 그 자체로 잘못이 아닙니다. 행동하기 전에 적절히 말로 표현해 해소할 기회를 주세요. 해소되지 못한 감정의 찌꺼기는 언젠가 더 큰 문제가 될 수 있으니까요.

이렇게도 말해 보세요

I feel like I want to get out of here.
밖으로 나가고 싶어요.

오늘의 책 When Sophie Gets Angry - Really, Really, Angry··· by Molly Bang

억울하고 분한 기분이 들었던 적 없는 친구들은 없겠지요? 동생과 다툰 후 머리끝까지 화가 난 Sophie의 감정선이 강렬한 색감의 그림과 어우러져 실감나게 표현됩니다. 화가 치밀어 올랐다가 누그러지는 과정을 겪어본 친구라면 공감 100퍼센트일 거예요.

September
17

Day 260

You'd better stay in bed today.

오늘은 침대에 있는 게 낫겠구나.

'had better'는 어떤 행동을 유도할 때 쓰이는 조동사 역할을 합니다. 부드럽게 권하는 말은 때때로 강요나 명령보다 사람의 마음을 다치지 않게 잘 움직일 수 있어요.

이렇게도 말해 보세요

I can't move at all.
Can you take me to bed?

하나도 못 움직이겠어요. 침대로 좀 데려다 주실래요?

오늘의 책 Doctor de Soto by William Steig

능력 있는 생쥐 치과의사 de Soto 선생님은 손님이 끊이지 않는 인기만점 치과 병원을 운영합니다. 손님의 입에 쏙 들어갈 만큼 작은 선생님이 사다리나 도르래를 타고 치료하는 모습이 아주 흥미롭습니다. 그런데 어느 날 여우 환자를 돌보게 되면서 고민에 빠집니다. 우리말 번역서가 초등 2학년 교과서에도 나와 있어요.

April
11

Day 101

Are you serious?

진심이야?

엄마 마음에 들지 않는 행동을 했을 때 아이에게 엄중한 표정으로 말할 수 있는 표현입니다. 톤을 낮춘 목소리로 나지막히 말하면 아이들이 스스로 잘못한 것이 없는지 한번 생각해 볼 거예요.

이렇게도 말해 보세요

Are you kidding me?
설마 농담하시는 거죠?

오늘의 영상 Arthur D.W. Clips!

Arthur의 말괄량이 동생 D.W.의 유치원과 집에서의 일상이 이어집니다. 화면이 깨끗하고 아이들이 공감할 만한 유쾌하고 개구진 스토리가 많아 인풋 자료로 사용하기 좋아요.

September
16
Day 259

Let me feel your forehead. You have a fever.

이마 좀 만져 보자. 너 열나는구나.

엄마가 가장 힘들 때는 아이가 아플 때입니다. 갑자기 열이라도 나면 가슴이 덜컥 내려앉아요. 이마의 열을 확인하더라도 차분히 대화를 나누며 안정감을 주시길 바랍니다.

이렇게도 말해 보세요

Do I have a fever right now?
저 지금 열나요?

오늘의 영상 Daniel Gets a Cold

유치원에서 갑자기 예사롭지 않은 기침을 하자 선생님이 물어보십니다. "Do you feel okay, Daniel?(괜찮니?)" Daniel은 소식을 듣고 데리러 온 아빠와 함께 조퇴를 합니다. 하지만 자꾸만 딸기 케이크가 준비된 유치원 생일 파티 행사를 놓친 것이 아쉽습니다.

April

12

Day 102

I've had it with your bad attitude.

네 그 나쁜 행동 참을 만큼 참았어.

아이들은 가끔씩 말도 안 되는 억지를 부릴 때가 있습니다. 남에게 피해를 주는 행동을 반복적으로 할 때에는 낮은 목소리로 단호하게 이 말을 하고 잠시 반응을 멈춥니다. 양 손을 잡고 아이의 눈을 응시하며 훈육의 원칙을 다시 생각해 보세요.

이렇게도 말해 보세요

I've had enough!
참을 만큼 참았어요!

오늘의 책 I Was So Mad by Mercer Mayer

집에서 무엇을 하든 자꾸 화를 내며 말리는 부모님 때문에 머리끝까지 화가 난 Little Critter가 결국 집을 나간다며 짐을 싸 문 앞에 나왔어요. Little Critter가 마음을 스스로 풀 때까지 조용히 기다리는 부모님의 표정이 재미있습니다.

September
15
Day 258

You look pale!
Are you feeling sick?

창백해 보이는구나! 어디 아프니?

아이의 상태가 좋지 않으면 초보 부모는 당황하기 마련입니다. 하지만 아이에게 최고의 치료는 차분하게 대처하는 엄마의 태도에서 시작되지요. 부드러운 목소리로 아이의 상태를 확인해 보세요.

이렇게도 말해 보세요

I think I have a stomachache.
배가 아픈 것 같아요.

오늘의 책

Pinkalicious and the Sick Day
by Victoria Kann

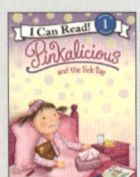

개근(perfect attendance) 기념으로 하루 동안 교장선생님(principal)이 되는 날을 선물 받아 너무 기쁜 Pinkalicious. 아침 조회를 직접 진행해 보고 교장선생님과 점심 식사도 하는 아주 특별한 날 아침, 하필 열이 나기 시작해 학교에 가지 못하게 됩니다. 아유, 안타까워라!

April
13
Day 103

I don't deal with it anymore.

이제 더 이상은 안 돼.

아이들에게 훈육을 하다 보면 절대 허용되지 않는 일에 대해 사정을 할 때가 많습니다. 그런 아이의 사정을 자꾸 들어 주다 보면 아이의 잘못된 행동을 교정할 기회를 번번이 놓치게 됩니다. 더 이상은 안 된다고 단호하게 말하는 연습을 해 보세요.

이렇게도 말해 보세요
I don't keep it anymore.
이제 가지고 있지 않아요.

오늘의 영상   I Want It Now!

폭풍우가 몰아치는 날, 더 이상 즐길 실내 놀이가 없어 지루해진 Little Princess는 실내에서 공을 가지고 놀다가 아주 큰 실수를 합니다. 왕비가 아끼는 고조할머니 동상의 목을 부러뜨렸어요. 맙소사! 공주는 이 난감한 상황을 어떻게 해결할까요?

September

14
Day 257

• 복습하기 •

Day 251
Would you like to go to an amusement park?
Shall we go there with my friend's family?

Day 252
Let me see if you're tall enough to ride the roller coaster!
Am I tall enough for this ride?

Day 253
Don't be afraid. I'm with you.
It's okay to be afraid. That's how it is at first.

Day 254
Why don't we walk around a bit and get some rest?
I will walk around the pond.

Day 255
Can I push you harder?
Will you push me on the big swings?

Day 256
I'm so pleased to see that you're happy!
Thank you for letting me enjoy all of this.

오늘의 노래   Here We Go Round the Mulberry Bush

다양한 인종의 친구들이 뽕나무 주변을 돌며 익숙한 운율의 전래 동요를 신나게 부릅니다. 운율에 맞춰 반복되는 가사로 다양한 동사를 익히고 각국의 언어로 인사하는 방법도 배울 수 있어요.

April

14

Day 104

• 복습하기 •

Day 98
You're driving me crazy.
You're getting mad at me.

Day 99
Why are you frowning?
Why are you so annoyed?

Day 100
I feel like I want to scream.
I feel like I want to get out of here.

Day 101
Are you serious?
Are you kidding me?

Day 102
I've had it with your bad attitude.
I've had enough!

Day 103
I don't deal with it anymore.
I don't keep it anymore.

오늘의 노래 **Angry Song**

친구들과 놀다가 화가 날 때가 있지요. 노래 속 주인공이 화가 나는 이유들(ex. 친구들에게 놀자고 했는데 'Go away!(저리 가!)'라고 말해서)이 트렌디한 팝 음악과 더불어 리듬감 있게 표현됩니다. 내 아이도 공감하는지 대화를 나누며 함께 즐겨 보세요.

September
13
Day 256

I'm so pleased to see that you're happy!

네가 행복해 보이니 엄마도 참 기쁘다!

아이를 낳고 길러 보니 내 아이가 행복한 모습을 보는 것처럼 기쁠 때가 없습니다. 아이 감정의 온도에 따라 엄마의 마음도 오르락내리락 하지요. 아이에게 행복한 경험을 많이 만들어 주세요.

이렇게도 말해 보세요

Thank you for letting me enjoy all of this.
이 모든 걸 즐길 수 있게 해 주셔서 감사합니다.

오늘의 영상 Picnic Time

음식 바구니를 준비하며 한껏 들뜬 ChuChu와 친구들은 갑자기 비가 오는 바람에 야외에서 소풍을 즐길 수 없게 되어 상심합니다. 그런데 갑자기 밖에서 왁자지껄 시끄럽게 웃는 소리가 들립니다. 놀랍게도 부모님들이 즐겁게 비를 맞으며 아이들에게 함께 축구를 하자고 손짓하네요.

April

15

Day 105

I'm a little nervous but really excited!

긴장도 조금 되지만 정말 설렌다!

가족이 함께 새로운 일을 시작하는 경우에 쓸 수 있는 말입니다. 아빠나 엄마의 새로운 사업, 아이들의 입학, 대회나 발표회 등 긴장과 흥분이 함께 느껴지는 상황에서 이렇게 말해 보세요.

이렇게도 말해 보세요

I can't wait!
너무 기다려져요!

오늘의 책

Curious George's First Day of School
by Margaret & H.A. Rey

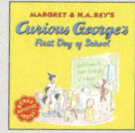

특별한 도우미로 학교에 초대받은 George는 설레는 마음으로 선생님과 친구들을 만납니다. 아이들이 책을 읽거나 수를 세도록 도움을 주기도 하고 때로는 말썽을 부리기도 하지만 결국 친구들의 도움으로 오히려 칭찬을 받게 되는 과정이 재미있게 그려집니다.

September 12

Day 255

Can I push you harder?

더 세게 밀어 줄까?

공원에서 가장 인기 있는 놀이 기구는 뭐니 뭐니 해도 그네입니다. 아이들이 넓은 세상을 볼 수 있도록 뒤에서 힘차게 밀어 주세요.

이렇게도 말해 보세요

Will you push me on the big swings?
그네 좀 밀어 주실래요?

오늘의 책 Shark in the Park! by Nick Sharratt

Timothy가 새 장난감 망원경을 들고는 공원을 돌며 여기 저기 관찰을 합니다. 렌즈 속 상어 지느러미 모양이 보이면 이렇게 소리를 지르지만, 아쉽게도 상어는 아닙니다. "There's a shark in the park!(공원에 상어가 있어!)" 반복되는 이 말을 저절로 익힐 수 있어요.

April

16

Day 106

I'm looking forward to my trip!

여행이 너무 기대된다!

엄마들은 중학교 시절 관용어구로 외웠던 표현이지만, 사실 고개를 앞으로 쑥 내밀고 기대하는 장면을 상상한다면 쉽게 이해될 수 있는 말입니다. 아이들에게 이 말을 할 때 실제 몸을 쑥 내밀고 무엇인가 기대하며 설레는 표정을 지어 보세요.

이렇게도 말해 보세요

I'm dying to see real dolphins!
살아있는 진짜 돌고래가 너무 보고 싶어요!

오늘의 영상 ## Caillou's Picnic

"We're almost there, you guys!(거의 다 왔어, 얘들아!)" Caillou 가족이 친구 Leo를 초대해 피크닉을 하러 숲에 도착했어요. 숲에서 기사와 드래건 역할 놀이를 하며 재미있게 노는 Caillou의 즐거운 소풍에 미소가 지어질 것입니다.

September
11

Day 254

Why don't we walk around a bit and get some rest?

우리 조금 걷다가 쉬면 어떨까?

푸르른 하늘이 펼쳐진 공원에서 보통 무엇을 하시나요? 그저 가족이 함께 이곳저곳 둘러보다가 돗자리 위에서 잠시 쉬어 보는 것만으로도 행복이 차오를 거예요.

이렇게도 말해 보세요

I will walk around the pond.
연못 주변을 산책할래요.

오늘의 영상 Are We There Yet?

가족이 드라이브를 하다 보면 늘 하게 되는 말, "아직 멀었어요?"를 단숨에 배울 수 있는 노래 영상입니다. 미국 현지의 광활한 풍경을 엿보며 cloud(구름), plane(비행기), bridge(다리) 등 기본 단어를 배울 수 있어 더욱 좋아요.

April
17
Day 107

I'm so delighted to announce this news!

이 소식을 전하게 되어 너무 기쁘다!

delighted 대신 elated, thrilled를 써도 좋아요. 오래도록 원하던 상을 받았다거나 새로운 가족이 생겼다는 소식 등 너무 기쁘고 행복한 일을 알려 주고 싶을 때 그 흥분되는 마음을 이렇게 표현합니다.

이렇게도 말해 보세요

Why are you so delighted?
왜 그렇게 기분이 좋아요?

오늘의 책   Peppa Meets the Queen by Ladybird Books

Peppa 가족은 영국 여왕으로부터 'the hardest working person(가장 열심히 일한 사람)' 상을 수상한 Miss Rabbit과 함께 왕궁으로 향하며 기쁜 마음을 감추지 못합니다. 과연 영국 여왕님은 모두를 따뜻하게 맞이해 주실까요?

September
10
Day 253

Don't be afraid.
I'm with you.

걱정 마. 내가 함께 있어.

놀이 기구를 무서워하는 아이에게 용기를 주는 말입니다. 아이 귓가에 속삭여 주세요. 아이가 두려워하는 모든 상황에서 부드럽고 단호하게 전할 수 있는 엄마의 든든하고 믿음직한 말입니다.

이렇게도 말해 보세요

It's okay to be afraid.
That's how it is at first.
무서워도 괜찮아요. 처음에는 원래 그러니까요.

오늘의 책 It's Okay to Be Different by Todd Parr

어떤 상황에서도 괜찮다고 말해 주는 따뜻한 엄마의 언어를 대신할 수 있는 책입니다. 선 굵고 선명한 색감의 그림을 좋아하는 유아에게 좋아요.

April
18
Day 108

Are you bored? Do you want me to play with you?

심심해? 놀아 줄까?

놀이는 아이의 창의성과 자율성을 발달시키는 최고의 교육 활동이랍니다. 아이가 심심한 것처럼 보일 때면 아이에게 놀이 목록을 보여 주고 직접 선택하게 하는 것도 좋답니다.

이렇게도 말해 보세요

Am I the only one who's bored?
나만 이렇게 심심한 거예요?

오늘의 영상 Top 25 Fun Things to Do When You Are Bored in Quarantine!

감염병이 유행해 자가 격리를 해야 하는 기간, 자매가 집에서 할 수 있는 25가지를 이야기합니다. 애니메이션보다 실제 브이로그를 좋아하는 친구들은 더욱 재미있게 즐길 수 있어요.

September

9

Day 252

Let me see if you're tall enough to ride the roller coaster!

롤러코스터를 탈 수 있을 만큼 키가 컸는지 한번 체크해 봐야겠다.

키 때문에 타지 못하는 놀이 기구가 있으면 아이는 상심합니다. 하지만 원하는 키 높이에 도달했을 때의 기쁨을 상상하면 오랜 기다림은 가치가 있다는 것을 배울 수 있지요.

이렇게도 말해 보세요

Am I tall enough for this ride?
이 정도 크면 됐어요?

오늘의 영상 Caillou at the Theme Park

"This is going to be the best day ever!(오늘은 (내 생애) 최고의 날이 될 거야!)" 가족과 함께 놀이동산에 가서 신나게 시간을 보내는 Caillou 가족. 드디어 기준 키에 도달한 Caillou가 난생 처음으로 롤러코스터를 타며 느끼는 두려움과 흥분, 신나는 감정을 함께 느껴 보세요.

April
19
Day 109

Why is this so boring? Isn't there anything else to do?

왜 이렇게 지루할까? 뭐 다른 거 없나?

아이들 케어로 늘 분주한 엄마들이 사실 이 말을 할 여유는 많이 없겠지요? 그러나 아이들의 주도성을 길러 주기 위해서라도 가끔씩 이렇게 혼잣말을 해 보세요. 아이가 먼저 좋은 아이디어를 제안할 거예요.

이렇게도 말해 보세요

Isn't there anything I can play with?
뭐 놀 거 없어요?

오늘의 책 The Cat in the Hat by Dr. Seuss

"Too wet to go out and too cold to play ball." 외출하거나 공놀이를 하기에는 너무 춥고 비 오는 날. 할 수 있는 거라고는 그저 앉아서 창 밖을 내다볼 수 밖에 없는 남매에게 낯선 손님이 찾아옵니다. 아이들의 기분을 좋게 해 주려는 모자 쓴 고양이 손님의 대활약으로 집 안은 금세 모두의 놀이터가 됩니다.

September

8

Day 251

Would you like to go to an amusement park?

놀이공원 가고 싶어?

이번 주는 놀이동산에 관한 표현을 알아보겠습니다. 놀이동산만큼 아이들을 신나게 하는 장소는 없겠지요? 그곳 특유의 설레는 분위기와 음악, 신나는 감정은 가족 모두에게 평생 행복한 기억으로 남습니다.

이렇게도 말해 보세요

Shall we go there with my friend's family?
친구네 가족이랑 같이 갈까요?

오늘의 책 I Am (Not) Scared by Anna Kang

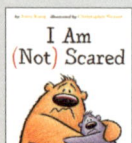

롤러코스터 앞에서 두려워하는 덩치 큰 친구가 이보다 더 무서운 것들에 대해 작은 친구와 이야기를 나누며 마음을 안정시킵니다. 어느덧 롤러코스터를 탈 차례가 왔는데, 이를 어쩌나! 놀이 기구 앞에서 두려움을 느껴본 세상의 모든 친구들에게 이 책을 추천합니다.

April

20
Day 110

I'm so embarrassed!

너무 당황스럽구나!

엄마도 아이도 당황스러운 상황이 생길 때가 종종 있습니다. 평소 언제 당황스러운지 아이와 한번 이야기를 나누어 보세요. 재미있는 일상의 경험을 나누다 보면 한바탕 웃거나 얼굴을 찡그리며 공감하는 시간이 될 수 있을 거예요.

이렇게도 말해 보세요

That's so embarrasing!
그것 참 곤란하게 하네요!

오늘의 영상 Big Brother Embarrasses Little Brother at Bus Stop Every day

스쿨버스에서 내리는 동생을 매일 다양한 코스튬으로 맞이하는 형의 즐거운 장난을 엿볼 수 있어요. 당황스럽긴 하지만 오히려 즐기는 듯한 동생의 표정이 재미있습니다. 동생을 향한 형의 따뜻한 사랑을 간접 경험해 보세요.

September 7

Day 250

• 복습하기 •

Day 244
You need to get a library card.
Can I get my own library card?

Day 245
You can read any book you like!
I like books about dinosaurs!

Day 246
Can you be quieter so as not to bother others?
Can you speak louder?

Day 247
You can borrow three books for two weeks at a time.
Can I check out this one?

Day 248
We're going to the library for the story time!
What book will she read us today?

Day 249
The books in this area are just for you.
I like this area.

오늘의 노래 ## Library Card Song!

"Having fun isn't hard, when you got a library card!(도서관 카드가 있다면 재미를 얻는 것은 어렵지 않아!)" 종이 비행기를 만드는 방법, 달이나 해저 탐험하기, 카드 트릭 배우기까지 세상 모든 신기한 활동을 도서관에서 누릴 수 있으니 얼마나 재미있을까요? Arthur 친구들과 함께 후렴구만 신나게 따라 불러도 즐겁습니다.

April
21
Day 111

• 복습하기 •

Day 105
I'm a little nervous but really excited!
I can't wait!

Day 106
I'm looking forward to my trip!
I'm dying to see real dolphins!

Day 107
I'm so delighted to announce this news!
Why are you so delighted?

Day 108
Are you bored? Do you want me to play with you?
Am I the only one who's bored?

Day 109
Why is this so boring? Isn't there anything else to do?
Isn't there anything I can play with?

Day 110
I'm so embarrassed!
That's so embarrasing!

오늘의 노래 I'm Bored

지루하다고 투정하는 아이에게 엄마는 새로운 놀 거리를 제안하지요. 하지만 얼마 안 가 아이는 금세 다시 지루해집니다. "Why don't we play together with the car?(자동차랑 같이 놀면 어떨까?)" 'Why don't we(you)~'라고 하며 제안하는 말을 익혀 보세요.

September

6

Day 249

The books in this area are just for you.

이 구역의 책들은 딱 너를 위한 거네.

아이마다 취향은 정말 다양합니다. 책을 일일이 구매하는 것보다 도서관을 이용하는 것이 좋은 이유는 자기가 정말 좋아하는 분야를 마음껏 탐색할 수 있다는 사실이지요.

이렇게도 말해 보세요

I like this area.
저는 이 구역이 좋아요.

오늘의 영상 Rules, History & Manners

종이가 없던 옛날에는 도서관에서 어떻게 책을 읽었을까요? 도서관에서 지켜야 할 규칙은 어떤 것들이 있을까요? 자세한 그림과 함께 도서관의 역사와 문화에 대한 설명을 들어 보세요.

April

22

Day 112

You look a bit down.

기분이 안 좋아 보이는구나.

오늘따라 아이의 기분이 안 좋아 보이나요? 아이의 표정 하나에 엄마의 마음과 컨디션이 좌우되는 건 어쩔 수 없는 엄마들의 공통점입니다. 아이가 기분이 썩 좋지 않아 보일 때에는 엄마의 따뜻한 공감 한마디가 큰 힘이 되어 줄 거예요.

이렇게도 말해 보세요

You seem a little sad.
엄마 조금 슬퍼 보여요.

오늘의 책 Gorilla by Anthony Browne

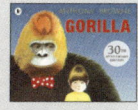

고릴라를 사랑하는 Hannah는 동물원에 가고 싶습니다. 야속하게도 매일 너무 바쁜 아빠는 약속을 계속 미루네요. 그런데 생일 선물로 받은 고릴라 인형이 한밤중에 진짜 고릴라로 변해 Hannah를 동물원에 데려가 주었어요. "She was very happy.(그녀는 정말 행복했답니다.)"

September
5
Day 248

We're going to the library for the story time!

우리, 이야기 들으러 도서관 갈 거야!

도서관에 가면 누릴 수 있는 혜택은 정말 많아요. 그중에서도 아이들에게 책을 읽어 주시는 선생님이 계시다는 사실이 최고입니다. 아이에게 새로운 세상을 열어주는 책 선생님은 엄마도 될 수 있겠죠?

이렇게도 말해 보세요

What book will she read us today?
오늘은 선생님이 무슨 책을 읽어 주실까요?

오늘의 책 Library Lion by Michelle Knudsen

어느 날 사자 한 마리가 슬그머니 도서관에 들어왔어요. 여느 아이들처럼 도서관 이곳저곳을 돌아다니던 사자는 재미있게 듣던 이야기 시간이 끝나자 갑작스레 포효합니다. 아이처럼 도서관을 즐기는 사자의 모습은 전혀 무섭지 않고 매우 친근합니다.

April
23
Day 113

I'm really disappointed in you.

너한테 정말 실망했어.

아이가 엄마의 기대에 어긋나는 행동을 했을 때면 표정을 감추기 힘듭니다. 표정만 보아도 아이는 엄마의 실망감을 느낄 수 있겠지만, 다시는 실수하지 않기를 바랄 때 이렇게 말해 보세요.

이렇게도 말해 보세요
I'm really sorry not to please you.
기쁘게 해 드리지 못해 미안해요.

오늘의 영상 Sarah Michelle Gellar Is Disappointed

'Sesame Street'는 아이들을 위해 만들어진 교육 예능 방송입니다. 실망한 감정에 대해 설명하는 Sesame Street의 메인 캐릭터 인형의 대화를 들어 보세요.

September
4
Day 247

You can borrow three books for two weeks at a time.

한 번에 세 권의 책을 2주 동안 빌릴 수 있단다.

책을 빌리는 것이 좋은 이유는 꼭 읽어야 한다는 강박에서 벗어날 수 있는 여유 덕분이지요. 빌려간 책들 중 아이가 즐기지 않는 책은 미련 없이 반납하고 새로운 책으로 바꾸세요.

이렇게도 말해 보세요

Can I check out this one?
저 이거 빌려도 되나요?

오늘의 영상 Caillou the Librarian

"We're going to the library today!(오늘은 우리가 도서관에 가는 거야!)" 엄마, 동생과 도서관에 간 Caillou. 좋아하는 물고기 관련 책이 안 보여 낙담하는 순간 돌고래 이야기를 들려 주는 사서 선생님을 만나 즐거운 시간을 갖습니다.

April
24
Day 114

I'm so lonely. I need a friend to talk with.

너무 외롭구나. 엄마도 이야기 나눌 친구가 필요하단다.

아이들이 옆에 있어 한없이 행복하지만 가끔씩 엄마도 외로움을 느낄 때가 있지요? 그럴 때면 아이와 친구처럼 대화를 나누어 보세요. 해맑게 재잘대는 아이의 목소리가 큰 힘이 되어줄 거예요.

이렇게도 말해 보세요
I need a friend to play with.
함께 놀 친구가 필요해요.

오늘의 책 Elmer by David McKee

알록달록한 피부로 태어난 Elmer는 다른 코끼리 친구들처럼 보이기 위해 비슷한 색의 베리 위로 뒹굴어 피부색을 바꾸었어요. 이제 다른 친구들처럼 보이니 Elmer의 삶이 좀 편안해졌을까요?

September
3

Day 246

Can you be quieter so as not to bother others?

다른 사람들을 위해 조금만 더 조용히 할 수 있겠니?

도서관에서 지켜야 할 기본 예절은 '떠들지 않기'이지요. 아이들에게 가장 필요한 인성 교육 중 하나는 공공 기관에서 남을 배려하는 태도입니다. 아이들이 스스로 조심하도록 미리 귀띔해 주세요.

이렇게도 말해 보세요

Can you speak louder?
조금 더 크게 말해 주실 수 있어요?

오늘의 책 D.W.'s Library Card by Marc Browne

글을 읽고 쓰지 못하는 D.W.가 열심히 이름 쓰기 연습을 해서 도서관 대출 카드를 만들었어요. 대출 카드만 있으면 끝나는 줄 알았는데, 이런! 원하는 책이 계속 대출 중이네요. "No, it's not back yet.(아직 반납이 되지 않았어.)" "Now yet.(아직이야.)"와 같은 사서 선생님의 말을 들을 때마다 얼마나 실망스러웠을까요?

April
25
Day 115

I'm feeling kind of blue.

기분이 썩 좋지 않구나.

기분이 좋지 않은 날에도 엄마는 아이에게 밝은 모습을 보이려고 노력합니다. 하지만 아이들은 엄마의 표정과 말투로 알아챕니다. 아이에게 기분을 솔직히 말하고 잠시 나를 위한 시간을 가져 보세요. 엄마가 행복해야 아이도 행복합니다.

이렇게도 말해 보세요

I'm feeling down.
기분이 많이 안 좋아요.

오늘의 영상 Do You Want to Build a Snowman?

언니와 놀고 싶은 Anna는 일어나기 싫어하는 Elsa를 깨워 신나게 눈사람을 만들다가 Elsa의 마법 실수로 갑자기 쓰러집니다. 힘없이 드러누운 동생을 보고 당황해 소리 지르는 Elsa의 마음이 어땠을까요.

September

2

Day 245

You can read any book you like!

마음에 드는 어떤 책이든 읽어도 돼!

도서관에 가면 다양한 분야의 책들이 있지만, 엄마는 연령별 권장 도서 목록에 의존해 책을 고를 때가 많아요. 하지만 항상 아이의 의견을 묻는 것이 우선이라는 것을 잊지 마세요. 아무리 잘 차려진 밥상이라도 아이가 먹지 않으면 소용없으니까요.

이렇게도 말해 보세요

I like books about dinosaurs!
공룡에 관한 책이 좋아요!

오늘의 영상 **Library**

Maisy가 악어 친구와 도서관에 갔어요. 읽히기를 기다리며 줄을 서고 있는 듯 보이는 책들을 하나 둘 골라 읽는 친구들의 모습이 사랑스럽습니다.
"You have to be quiet in the library.(도서관에서는 조용히 해야 해.)"
"But you can whisper.(속삭이는 것은 괜찮아.)" 등 도서관에서 아이에게 말해 주기 좋은 문장들이 많아요.

April
26
Day 116

Not too good.
Not too bad.

기분이 좋지도 않고 나쁘지도 않고 그냥 그러네.

딱히 기분이 좋지도 싫지도 않을 때 말할 수 있는 가벼운 표현입니다. 살아가다 보면 때로는 아무 생각 없이 머리를 비워야 할 필요가 있지요. 복잡한 감정이 느껴지는 문제에서 한발 떨어져 보면 아무것도 아닌 경우도 많습니다.

이렇게도 말해 보세요

I don't feel great.
기분이 썩 좋지는 않아요.

오늘의 책　**To the Rescue!** by Mercer Mayer

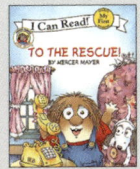

지하실에서 하던 일을 마친 아빠가 나오려는데 갑자기 문이 안 열려요. 밖에 혼자 있던 Little Critter는 캄캄한 지하실에 갇혀 있는 아빠를 무사히 구할 수 있을까요? 씩씩한 Critter의 활약을 지켜 보면 아이들도 함께 자기 효능감을 느낄 수 있을 거예요.

September 1

Day 244

You need to get a library card.

도서관 대출 카드를 만들어야겠다.

도서관만큼 우리의 삶을 풍성하게 해 주는 지혜의 보고가 또 있을까요? 아이와 더불어 도서관 나들이를 일상으로 만들어 보세요. 당신과 아이의 인생이 변화될 수 있습니다.

이렇게도 말해 보세요

Can I get my own library card?
제 대출 카드를 만들 수 있어요?

오늘의 책

Pete the Cat Checks Out the Library
by James Dean

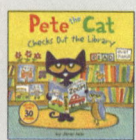

처음 도서관에 방문해 다양한 책을 집어 들고는 마음껏 읽는 Pete. "Pete can be whatever he imagines with a book!(Pete는 책과 함께라면 상상하는 그 무엇이든 될 수 있어!)" 마지막 페이지에 나오는 이 문장의 주어를 'You'로 바꾸어 아이에게 큰 소리로 말해 주세요.

April
27
Day 117

I have a heavy heart.

너무나 슬프구나.

말을 할 수 없을 정도로 슬픈 날이 있습니다. 길고 긴 인생을 생각하면 아이와 함께 겪는 슬픈 순간이 점처럼 지나갈 수 있겠지요. 슬픔이 오면 '이 또한 지나가리라' 믿으며 의연하게 이겨내어 봅시다.

이렇게도 말해 보세요

How sad!
슬퍼요!

오늘의 영상 Finding Dory Adorable Clips

영화 〈니모를 찾아서〉의 두 번째 시리즈인 〈도리를 찾아서〉의 주요 장면 클립 영상입니다. 단기 기억상실증(short-term memory loss)으로 부모님을 잃어버리게 된 Dory의 과거로 돌아가 그동안 감추어진 사연이 흥미롭게 펼쳐집니다. 기억을 못 해 가족을 잃은 깊은 슬픔을 유머로 승화시킨 영화이지요.

September

Town and Places

9월에는 아이들에게 친근한 장소에서 나눌 수 있는 말들을 담았습니다. 가까운 도서관이나 놀이공원으로 나들이를 갈 때, 그리고 병원과 마트에서 영어로 말하는 연습을 해 볼까요?

**Library
Amusement Park
Hospital
Market**

April

28

Day 118

• 복습하기 •

Day 112
You look a bit down.
You seem a little sad.

Day 113
I'm really disappointed in you.
I'm really sorry not to please you.

Day 114
I'm so lonely. I need a friend to talk with.
I need a friend to play with.

Day 115
I'm feeling kind of blue.
I'm feeling down.

Day 116
Not too good. Not too bad.
I don't feel great.

Day 117
I have a heavy heart.
How sad!

오늘의 노래

Remember Me

영화 〈코코〉에서 주인공의 고조할머니인 CoCo는 기억이 점차 사라지고 있습니다. 까마득한 어린 시절 사라진 아버지가 자주 불러 주던 사랑의 노래를 기억해 내어 손자와 함께 노래를 따라 부르는 명장면입니다. 영원한 사랑의 노래를 아이와 함께 배워 보세요.

August 31
Day 243

- 자녀교육 칼럼 -

"Jump as high as you can!"

한치 앞도 알 수 없는 불확실성의 시대에 아이의 미래를 놓고 걱정하는 부모들이 많습니다. 행여 도움이 될까 싶어 아이에게 다양한 선행 교육을 시키며 아직 먼 입시에 대비하려는 부모님들의 속마음을 모르지는 않습니다. 하지만 이를 어쩌나요. 세상이 바뀌어도 너무 많이 바뀌었습니다. 미래의 내 아이에게 정말 필요한 것은 다른 길일지도 모릅니다.

평생 직장보다 변화하는 직업 세계에서의 생존력이 필요한 요즘에는 독립적으로 일할 수 있는 태도와 능력이 더욱 중요합니다. 불확실성이 큰 사회이기에 더더욱 스스로 길을 개척하는 창조적 능력, 쉽게 포기하지 않는 회복탄력성, 타인의 요구를 알고 대처하는 사회적 감각이 요구될 수 있지요. 관심 있는 분야에서의 전문성이 중요하기에 공부의 의미를 너무 협소하게 보아서도 안 되고요. 어려서 좋아하는 것을 충분히 경험하게 해 보세요. 아이들의 선행이 필요한 것은 교과서 너머 더 넓은 세상입니다.

April
29
Day 119

• 엄마표 영어 Q&A •

Q. 영어 그림책을 안 읽는 아이가 불안해요.

　인생은 늘 최선책을 찾아 차선책을 시도하는 여정입니다. 영어책을 척척 읽어내는 아이를 둔 옆집 엄마가 부러울 때는 다시 육아의 기본을 상기시켜 보세요. 모든 불안은 비교에서 오는 것이니까요. 그리고 모국어 습득 방식인 엄마표 영어의 본질은 다양한 맥락 속 영어 대화나 글을 이해되기 쉬운 영상이나 그림과 더불어 아이가 가능한 한 많이 접하게 돕는 것입니다. 그렇다면 '종이책 대신 온라인책으로 기본 영어 노출량을 잡아 주는 것도 좋다', 이마저도 아이가 싫어한다면 '영어가 좀 더 편하게 느껴질 때까지 충분한 영어 영상 노출로 진행하는 것도 괜찮다'라는 생각도 합리적으로 받아들일 수 있습니다. 모국어 사고력이나 메타인지가 발동해야 하는 학습 능력은 별도로 키워야 하는 거고요. 읽기 학습은 풍성한 소리 자극으로 듣기 능력이 어느 정도 안정화된 이후에 학교 교과서나 기타 교재로 진행해도 좋습니다. 그렇게 청해력에 기반한 독해 능력이 생기면 콘텐츠가 흥미롭게 느껴지는 영어책은 언젠가 아이가 스스로 집어 읽거나 주도적으로 학습하게 될 날이 올 것입니다.

August 30
Day 242

- 엄마표 영어 Q&A -

Q. 엄마표 영어를 하면 어떤 교재를 사용해야 할까요?

영어를 가르친다고 하면 무조건 교재를 먼저 떠올리는 분들이 계십니다. 그러나 모국어 습득 방식의 엄마표 영어는 시중에 나와 있는 교재들이 필수는 아니랍니다. 파닉스뿐 아니라 단어, 독해를 위해 보조적으로 사용하는 좋은 교재들이 많지만, 아이가 영어를 학습처럼 여겨 거부할 때는 주저하지 마시고 멈추어도 좋습니다. 왜냐하면 아이들은 교재에서 정해 놓은 주제나 범위보다 다양한 책 읽기를 통해 영어를 더욱 재미있고 자연스레 익힐 수 있기 때문입니다. 오히려 수년간 꾸준히 영어 영상을 즐기고 영어책 집중 듣기를 해 온 친구들은 단어 암기와 교재 풀이 연습 없이도 어느새 문해력이 생겨 높은 단계의 독해 문제도 곧잘 풀어내는 경우가 많습니다. 최고의 영어 교재는 역시 아이들의 흥미를 자극하는 생생한 스토리가 담긴 영어책이며 그 기반에는 영어 영상 보기 루틴으로 형성된 기본적인 청해력이 자리합니다. 교재 그 이상인 모국어 습득 방식의 엄마표 영어, 오늘도 믿음으로 즐거운 영어 하세요!

April

30

Day 120

• 자녀교육 칼럼 •

"Let them cry enough."

    전통적인 훈육의 방식 중에 심리학적 관점에서 바람직하지 않은 부분이 있습니다. "울지 좀 마"라고 다그치는 것입니다. 아이들의 눈물에는 이유가 있어요. 슬프거나 억울하거나, 화가나거나 미안하거나, 아니면 당황스러운데 뭐라 말로 표현할 방법이 없이 눈물이 먼저 쏟아지는 것입니다. 많은 어른들이 아이가 우는 것을 용납하지 않고 시끄러운 상황에서 벗어나고 싶어 서서 그치라고 하지만, 어릴 때 감정이 억압된 친구들은 자기 표현에 서툰 성인으로 자라기 쉽습니다. 자신의 감정을 무시하고 살다 보니 타인의 감정에도 공감하지 못하지요. 공감 능력과 자기 표현력으로 성공하는 요즘 시대의 관점에서 이런 훈육 방식은 바뀌어야 합니다. 마음을 강요하지 마세요. 이제 감정을 허용하세요.

August 29
Day 241

• 엄마표 영어 Q&A •

Q. 영어 노래로 영어 말하기를 습득할 수 있나요?

  마치 노래처럼 억양이 다양한 영어는 노래로 익혀도 배울 수 있는 것들이 많아요. 운율이 맞는 시 같은 가사와 반복된 구절은 단순한 문장 패턴과 기본 단어를 익히기에 좋고 가사를 프린트해서 보면 파닉스 법칙을 배우기에도 좋습니다. 그러나 아이들에게 노래만 가르칠 경우 영어 실력의 극적인 향상을 기대할 수는 없습니다. 특히 동요의 경우 반복되는 가사가 많고 표현도 한정적인 만큼 폭넓은 인풋을 기대하기는 어렵지요.

  음악을 좋아하는 친구들에게 노래는 영어를 익히는 너무나 바람직한 하나의 방법이긴 하지만, 여기에만 기대지 말고 폭넓은 듣기 활동이 병행될 수 있도록 꼭 신경 쓰시기를 권합니다. 폭넓은 듣기 인풋 위에 영어 노래 부르기 활동이 양념처럼 더해지는 것이라면 영어 노래도 꽤 괜찮은 영어 교육 방법이랍니다.

May

Family and People

5월에는 가족, 그리고 가까운 이웃과 나눌 수 있는 말들을 담았습니다. 부모님과 할머니, 할아버지, 형제, 자매, 선생님에게 사랑과 존중의 말을 건네 보는 건 어떨까요?

**Mom and Dad
Grams and Grans
Brothers and Sisters
Teacher**

August
28
Day 240

· 복습하기 ·

Day 234
You can't catch me!
I can't catch you. Slow down!

Day 235
I'm faster than you!
You're doing better today than yesterday!

Day 236
Here is a bubble gun! Who wants to blow bubbles?
I can make some bubbles with soap!

Day 237
Don't forget me when you become a big star!
Don't forget I'm always proud of you!

Day 238
The most important thing is to watch out for the front ahead.
I get it. I will ride safely!

Day 239
Can you jump on the trampoline higher?
It's your turn now. Will you try?

오늘의 노래 Action Songs

무더위를 날려줄 펑키하고 경쾌한 곡이에요. 노래를 신나게 따라 부르며 clap, stomp, swing, dance, sing, jump, touch, shake 등의 기본 동작 동사를 익힐 수 있습니다.

May

1

Day 121

Do you know how much I love you?

엄마가 너를 얼마나 사랑하는지 알아?

아이에게는 가장 사랑하는 대상일 뿐 아니라 세상의 전부가 엄마예요. 그런 아이에게 아무리 사랑을 자주 표현해도 과하지 않습니다. 충분히 사랑의 언어를 듣고 자란 아이들은 세상 그 어떤 어려움도 다 이겨낼 수 있습니다.

이렇게도 말해 보세요

How much do you love me?
저를 얼마나 사랑하세요?

오늘의 책   Guess How Much I Love You
by Sam McBratney

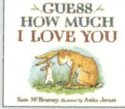

부모와 자녀간 사랑을 가장 직접적으로 표현해 주는 오래된 명작입니다. 아이들에게 밤마다 읽어 주면서 진한 사랑을 표현해 주세요. 아이들은 매일 밤 꿈결 같은 행복에 젖어 잠이 들 것입니다.

August

27

Day 239

Can you jump on the trampoline higher?

트램펄린 위로 더 높이 뛸 수 있겠어?

더 높이 뛰어 더 넓은 세상을 보여 주고픈 것이 엄마의 마음입니다. 아이들과 높이 뛰며 못 보던 세상을 한눈에 바라보는 즐거움을 누리게 해 주세요.

이렇게도 말해 보세요

It's your turn now. Will you try?
이제 엄마 차례예요. 한번 해 보실래요?

오늘의 영상 ## Peppa Runs a Race on Sports Day

아이들이 가장 좋아하는 유치원이나 학교 행사는 운동회(Sports Day)입니다. "I'm faster than you!(내가 더 빨라!)" "I can run at a hundred miles an hour!(나는 한 시간에 100마일(약 160킬로미터)을 달릴 수 있어!)" Peppa Pig 가족들의 대화를 들으며 운동회를 즐기고 오늘의 표현도 찾아 보세요.

May

2

Day 122

I'm so proud you've grown up like this.

이렇게 자랐다니 너무 자랑스럽구나.

아이가 어릴 때는 매월 매해 쑥쑥 자라는 게 신기해 수시로 키 재기를 합니다. 아이의 성장을 기뻐하는 마음을 표현해 보세요. 인생에서 다시 오지 않는 기쁨이거든요.

이렇게도 말해 보세요

I'm so proud you're my mom.
엄마가 우리 엄마라서 자랑스러워요.

오늘의 영상 A Surprise for Mommy

엄마에게 깜짝 선물을 하고 싶지만 무엇을 고를지 몰라 묻는 아빠에게 Caillou는 가족 사진을 제안합니다. 엄마를 제외한 세 사람이 함께 바로 촬영을 시작하는데 Rosie가 웃지를 않네요. 과연 깜짝 선물은 잘 준비될 수 있을까요?

August 26

Day 238

The most important thing is to watch out for the front ahead.

가장 중요한 건 전방을 잘 살피는 거란다.

자전거를 타는 아이에게 가장 중요한 것은 안전입니다. 특히 안전을 좌우하는 전방 주시 습관은 주의력을 연습하는 계기가 될 것입니다. 재미를 느끼면서도 안전을 몸으로 학습할 기회를 주세요.

이렇게도 말해 보세요

I get it. I will ride safely!
알겠어요. 안전하게 잘 탈게요!

오늘의 책 **D.W. Rides Again!** by Marc Brown

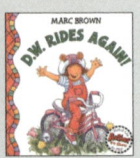

D.W.에게 친절한 오빠 Arthur가 보조 바퀴를 뗄 때까지 두발자전거 타는 방법을 자세히 가르쳐 줍니다. 다양한 자전거 타기 관련 노하우가 가득! 요즘 자전거를 배우는 친구들의 필수 영어책이에요.

May

3

Day 123

We're going on a picnic!

우린 소풍갈 거야!

따뜻한 햇살이 가득한 푸르른 봄날에는 아이와 가까운 곳으로 소풍을 계획해 보세요. 아이가 자라면 다시 오지 않는 소중한 추억이 된답니다. 자연은 우리에게 가장 큰 스승이에요.

이렇게도 말해 보세요

We're going on a dragonfly hunt!
우린 잠자리 잡으러 갈 거예요!

오늘의 책

We're Going on a Bear Hunt
by Michael Rosen and Helen Oxenbury

아이들이 영어를 처음 익히기에 좋은 다양한 의성어 자극과 저절로 암기가 되는 반복되는 문장들, 곰 사냥을 둘러싼 설렘과 다급함이 최고의 긴장감을 주는 이야기와 만났어요. 모든 친구들이 흥미롭게 즐길 수 있는 최고의 책이랍니다.

August

25

Day 237

Don't forget me when you become a big star!

스타가 되면 날 잊지 마!

운동을 하다가 득점하면 아이에게 이렇게 말해 주세요. 아이가 성취감을 느끼는 순간을 포착해서 칭찬을 하면 자존감이 올라갑니다.

이렇게도 말해 보세요

Don't forget I'm always proud of you!
언제나 제가 엄마를 자랑스러워한다는 걸 잊지 마세요!

오늘의 영상 Caillou and Football

Caillou가 축구선수 대표로 활동하게 되는 이야기가 담겨 있어요. Caillou 아빠가 건네는 오늘의 표현을 찾아 아이 어깨를 으쓱하게 해 주는 마법을 배워 봅시다. 특히 5~9세의 공놀이를 즐기는 친구들에게 좋은 영상이에요.

May 4

Day 124

I would like you to learn to say sorry.

사과하는 것을 배우면 좋겠구나.

아이를 훈육할 때 엄마는 늘 마음이 편치 않습니다. 부드럽게 이유를 잘 설명해 주며 아이의 잘못이 뭔지 스스로 깨달을 수 있도록 도와주세요. 아이의 행동이 스스로나 남에게 위해한 상황에서는 건강한 인성 발달을 위해 밀리지 않고 중심을 잡아 단호하게 가르치셔야 합니다.

이렇게도 말해 보세요

Sorry. I'll never do that again!
죄송해요. 앞으로 절대 안 그럴게요!

오늘의 영상 Red Shoes

가난한 Karen은 아픈 엄마를 위해 약을 사러 가는 길에 빨간 구두를 발견합니다. 구두의 주인이 따로 있을 거라며 다시 가져다 놓으라는 엄마의 충고를 무시하고는 침대 아래 숨겨 놓는 Karen의 이 행동은 나중에 엄청난 대가를 치르게 하지요.

August
24
Day 236

Here is a bubble gun! Who wants to blow bubbles?

여기 버블건 있는데! 거품 불기 할 사람?

아이들과 야외에서 즐거운 시간을 보내는 방법 중 비누 거품 불기 놀이가 있어요. 비눗방울이 생기는 원리에 대해서도 아이들과 한번 이야기 나누면 좋겠지요?

이렇게도 말해 보세요

I can make some bubbles with soap!
저 비누로 거품 만들 수 있어요!

오늘의 책

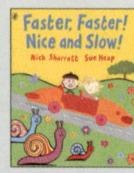

Faster, Faster! Nice and Slow!
by Nick Sharratt and Sue Heap

따뜻하고 선명한 그림과 더불어 up above(위에)-down below(아래에), noisy(시끄러운)-quiet(조용한), heavy(무거운)-light(가벼운) 등 반대말에 대해서도 즐겁게 배울 수 있어요.

May

5

Day 125

You can try whatever you want!

원하는 무엇이든 시도해 볼 수 있어!

어린이날입니다. 사실 부모가 줄 수 있는 최고의 선물은 아이를 믿어 주고 격려하는 말입니다. 아이들은 무엇인가를 하지 못 하게 막을 때보다 용기를 줄 때 성장하지요. 어린 시절에 충분히 시행착오의 경험을 쌓아갈 수 있도록 이렇게 말해 보세요.

이렇게도 말해 보세요

You said you can give me whatever I want!

제가 원하는 무엇이든 주신다고 했잖아요!

오늘의 책 **My Mum** by Anthony Browne

세상의 많고 많은 선물 중에서 최고의 선물은 단연코 '우리 엄마' 아닐까요? 나를 위한 놀이 선생님, 나만을 위한 요리사, 슬플 때 나를 위로해 주는 나만의 요정… 그 무엇보다 세상에서 나를 조건 없이 사랑해 주는 단 한 사람. 같은 작가의 짝꿍 책인 〈My Dad〉도 함께 읽어 주세요. 최고의 어린이날 선물이 될 것입니다.

August 23
Day 235

I'm faster than you!

내가 너보다 더 빨라!

경쟁을 즐기는 아이들에게는 이렇게 살짝 동기를 부여해 볼까요? 끝없는 욕망을 건드리는 타인과의 비교는 좋지 않지만, 때로는 스스로에게 동기를 부여하는 작은 촉매제가 되기도 합니다.

이렇게도 말해 보세요

You're doing better today than yesterday!
어제보다 오늘 더 잘하시네요!

오늘의 영상 "Just Wanna Jump!"

가시지 않은 무더위에도 아이들은 에너지가 넘칠 때가 많습니다. 어떻게 발산할 수 있을까요? Danny 아저씨가 신나는 리듬에 맞춰 노래를 부를 때 함께 점프를 해 볼까요?

May
6
Day 126

Can you promise not to do it again?

다시는 안 그러겠다고 약속할 수 있겠니?

부모가 되어 많은 어려움이 있지만 그중에서도 훈육은 언제나 참 어렵고 높은 벽입니다. 아이가 스스로 잘못을 인정하지 않더라도 폭력이나 위험한 일탈 등 절대로 허용할 수 없는 행동에 대해서는 단호하게 가르치고 약속을 받으세요.

이렇게도 말해 보세요

Do you promise to buy me the doll next time?
다음에 저 인형 사준다고 약속하시는 거죠?

오늘의 영상 Mother's Day Special

Mother's day를 기념하기 위해 온 가족이 브런치 타임을 가지러 뷔페 식당에 갑니다. 뷔페가 처음인 Caillou는 스스로 음식을 옮기며 식사를 즐기려 하지만 실수로 음식을 흘리고 마네요.

August
22
Day 234

You can't catch me!

너는 나를 못 잡아!

아이들 콘텐츠에서 자주 등장하는 표현입니다. 아이와 야외에서 달리기 시합을 할 때 사용해 보세요. 실내에서는 캐릭터 인형을 만들어 역할 놀이를 하면서 말하면 좋겠지요?

이렇게도 말해 보세요

I can't catch you. Slow down!
못 잡겠어. 좀 천천히 가!

오늘의 책 The Gingerbread Man by Karen Schmidt

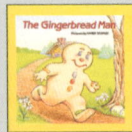

유명한 전래동화 속 주인공 gingerbread가 아슬아슬 잡힐 위험에 처할 때마다 "I can run away from you!(난 네게서 도망갈 수 있어!)"라며 의기양양하게 힘껏 외치는 말을 익혀 보세요. 반복하다 보면 저절로 입에 착착 달라붙을 거예요.

May

7

Day 127

• 복습하기 •

Day 121
Do you know how much I love you?
How much do you love me?

Day 122
I'm so proud you've grown up like this.
I'm so proud you're my mom.

Day 123
We're going on a picnic!
We're going on a dragonfly hunt!

Day 124
I would like you to learn to say sorry.
Sorry. I'll never do that again!

Day 125
You can try whatever you want!
You said you can give me whatever I want!

Day 126
Can you promise not to do it again?
Do you promise to buy me the doll next time?

오늘의 노래

Family Members Song

가족을 그림으로 소개한 후 유명한 노래 'Old MacDonald Had A Farm' 과 동일한 익숙한 선율로 노래합니다. 소리와 문자를 함께 보여 주는 가족 소개로 글자 읽기(해독) 연습을 할 수 있고, 노래가 점점 빨라지면서 속도의 재미도 느낄 수 있어요.

August
21
Day 233

• 복습하기 •

Day 227
Why don't we blow up a balloon and play tennis?
Why don't we set up a tent in the living room for fun?

Day 228
Shall we make paper boats with takeout containers for the dolls?
Sure! How can I help you?

Day 229
What kind of board games should we play now?
What kind of games do you like?

Day 230
Will you help me prepare for the sleepover?
Will you help me pack for the sleepover?

Day 231
I hope there's no fuss in the night.
I'll make sure of it!

Day 232
I'm going to show you how to fold an origami frog!
This is the best origami frog I've ever folded.

오늘의 노래 ## The Shape Song

직선, 동그라미, 네모, 세모 등 다양한 모양으로 만들 수 있는 모든 것들에 대해 노래합니다. 모양을 그리거나 만드는 활동을 할 때 틀어놓고 율동도 즐겨 보세요.

May

8

Day 128

Let's go visit grandma!

할머니 뵈러 가자!

다른 세대를 살아가고 계시는 할머니를 만나는 것은 아이들에게 새로운 세상을 보여 주는 것과 같습니다. 세상 그 어디에도 없는 할머니 할아버지의 따뜻한 품을 아이들이 자주 느낄 수 있도록 도와주세요.

이렇게도 말해 보세요

Let's go to see grandma!
할머니 뵈러 가요!

오늘의 책 Just Grandpa and Me by Mercer Mayer

새 옷이 필요한 Little Critter가 할아버지와 함께 도시의 한 백화점 나들이에 나섰어요. 가는 길의 기차 안에서 노래도 부르고 백화점에서 할아버지를 잃어버리기도 하는 우여곡절을 거치며 아주 행복하고 멋진 날을 보냅니다.

August
20
Day 232

I'm going to show you how to fold an origami frog!

개구리 접는 방법 보여줄게!

종이접기는 실내 최고의 활동이지요. 길이와 넓이, 공간에 대한 수학적 역량도 키우고 특히 원어민이 설명해 주는 영상을 보다 보면 듣기 실력도 키울 수 있어요.

이렇게도 말해 보세요

This is the best origami frog I've ever folded.
지금까지 종이접기 했던 개구리 중 이것이 최고예요.

오늘의 영상 Fold Prince Charming - the Talking Frog!

Jeremi 아저씨가 직접 종이접기로 만든 개구리 왕자를 데리고는 재미있게 1인 2역 역할 놀이를 하며 개구리 접는 방법을 알려 줍니다. 종이접기 선생님처럼 친절하게 방법을 알려 주니 영어 듣기 실력도 늘 수 있어요.

May

9

Day 129

I want you to be polite to your grandparents.

할아버지 할머니께 공손했으면 좋겠구나.

손주들에게 언제나 무한 사랑을 주시는 조부모님이지만 아이들이 예의를 지키도록 미리 잘 가르치는 것이 중요하겠지요. 무엇이 바른지 교육하는 것은 아이에게 늘 최고의 사랑이고만 싶은 조부모님이 아닌 부모의 몫이랍니다.

이렇게도 말해 보세요

Ok, I will. Don't worry.
네, 그럴게요. 걱정하지 마세요.

오늘의 영상 To Grandmother's House

하룻밤 묵게 된 할머니 집 방문을 준비하는 Little Bear. 할아버지가 좋아하는 쿠키와 할머니가 좋아하는 블랙베리 잼을 손수 준비하는 손자의 모습이 정겹습니다.

August 19
Day 231

I hope there's no fuss in the night.

밤에는 소란을 피우지 않으면 좋겠다.

에너지가 왕성한 아이들이 밤에 너무 활동적이어서 곤란한 경우가 있어요. 실내 놀이를 할 때에는 다가구나 아파트 생활과 같은 우리의 패턴인 우리의 일반적인 거주 문화에서 이웃을 위한 공동 주택 예절을 가르치는 것이 더욱 중요하겠습니다.

이렇게도 말해 보세요

I'll make sure of it!
꼭 그렇게 할게요!

오늘의 책

Where the Wild Things Are
by Maurice Sendak

오바마 대통령이 어린이들에게 읽어 주어 더욱 유명해진 그림책 〈괴물들이 사는 나라〉의 원작입니다. 엄마는 도저히 이해하기 힘든 장난이 심하고 성마른 아이, Max의 내면을 아이의 언어로 그려내었습니다.

May
10
Day 130

Do you want to go shopping with grandma?

할머니랑 같이 쇼핑 가고 싶어?

아이들과 할머니 사이에는 엄청난 세대 차이가 존재합니다. 비슷한 관심사는 많이 없지만 시장이나 마트를 자주 함께 가다 보면 서로 나눌 수 있는 경험이 생겨나면서 더욱 친해질 수 있어요.

이렇게도 말해 보세요

Would she like to go there with me?
할머니가 거기에 나랑 같이 가는 것을 좋아하실까요?

 Nana Upstairs & Nana Downstairs
by Tomie dePaola

증조할머니와 함께 사는 할머니를 방문해 주말마다 행복한 시간을 보냈던 Tomie. 연세가 너무 많아 잘 움직이지 못하는 증조할머니와도 잘 지내는 Tomie의 모습이 감동적이에요. 책의 초반에 '~하곤 했다'라고 할 때 쓰이는 would의 용법을 자연스레 익힐 수 있어요.

August
18
Day 230

Will you help me prepare for the sleepover?

잠옷 파티 준비하는 것 좀 도와줄래?

집에서 할 수 있는, 아이들에게 인기 만점 최고의 놀이는 잠옷 파티입니다. 특별한 날 아이 친구를 초대하고 가정에서 하룻밤 보낼 수 있도록 허락해 주세요. 아이들을 위한 최고의 선물이 될 것입니다.

> **이렇게도 말해 보세요**

Will you help me pack for the sleepover?
잠옷 파티를 위해 짐 싸는 것 좀 도와주실래요?

오늘의 영상 Finny's First Sleepover

아기 물고기 Finny의 첫 sleepover 이야기입니다. 처음이라 잘 몰라서 준비에 서툰 그는 엄마와 아빠의 도움으로 무사히 거북이 집에 도착하는데요. 이미 바다 생물 친구들이 먼저 와서 재미있게 놀고 있네요.

May
11
Day 131

You are supposed to stay there with grandma for three hours.

세 시간만 거기에서 지내게 되었어.

핵가족 사회가 된 지 오래입니다. 낯을 가리는 친구들은 할머니와 지내는 잠깐의 시간도 힘들어하곤 하지요. 할머니가 건강하실 때 친해질 수 있는 기회를 자주 만들어 주세요.

이렇게도 말해 보세요

Am I supposed to be there for such a long time?
그렇게 오래 있어야 해요?

오늘의 영상 Dancing at Grandma's

비가 와서 외출을 못해 상심한 Caillou는 우연히 할머니의 옛 사진첩을 보게 됩니다. 오래 전 댄스 대회에서 우승했던 할머니의 사진을 보다가 두 사람은 함께 춤을 추며 즐거운 시간을 보냅니다. "Come and take my hands!(와서 내 손 잡아 봐!)"라는 할머니의 대사를 찾아 보세요.

August
17
Day 229

What kind of board games should we play now?

어떤 보드게임을 하면 좋을까요?

아이들과 집 안에서 한바탕 재미나게 놀기에 보드게임만큼 좋은 것은 없습니다. 규칙을 정하고 이를 지키는 것, 숫자 감각을 키우고 때로는 팀워크를 위한 커뮤니케이션 능력을 키우는 것으로 이만한 것이 없어요.

이렇게도 말해 보세요

What kind of games do you like?
어떤 종류의 게임을 좋아하세요?

오늘의 책   The Berenstain Bears' Sleepover
by Jan & Mike Berenstain

Sister와 Brother 남매는 친한 친구 남매를 초대해 잠옷 파티를 합니다. 함께 TV도 보고 보드 게임도 하며 시간을 보내다 보니 어느새 잘 시간이 되었네요. 하지만 침대에 누워 잠이 든 줄 알았던 네 사람에겐 아직도 놀 거리가 많아요.

May

12

Day 132

Your grandma will take care of you tonight.

할머니가 오늘 밤 너를 잘 돌봐 주실 거야.

부득이 할머니에게 아이를 맡기고 외출을 해야 할 때가 있습니다. 외출 전에는 엄마가 보이지 않아도 안심하고 잘 놀 수 있도록 미리 행선지를 자세히 알려 주고 틈틈이 연락을 해 주세요.

이렇게도 말해 보세요

My grandpa will look after me tonight.
오늘 밤엔 할아버지가 저를 돌봐 주실 거예요.

오늘의 책 **Arthur's Mystery Babysitter** by Marc Brown

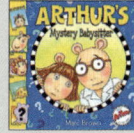

밤에 외출하는 부모님을 대신하여 Arthur와 D.W.를 알고 있는 새로운 베이비시터가 온다고 합니다. 남매는 과연 누가 올지 상상하며 무척이나 궁금해 하지요. 그런데 도착한 시터는 다름 아닌 할머니 Thora였네요. "What if it's a robot?(만약 (시터가) 로봇이면 어쩌지?)"와 같은 표현을 배울 수 있어요.

August

16

Day 228

Shall we make paper boats with takeout containers for the dolls?

우리 포장 용기로 인형을 태울 종이배를 만들어볼까?

꼭 아이들이 물 속에 들어가지 않아도 집에서 언제든 할 수 있는 물놀이가 있지요. 두꺼운 널빤지나 포장 용기로 종이배를 만들어 물에 띄워봅시다. 집에 있는 작은 인형을 하나 가져와 역할 놀이를 해 보는 것은 어떨까요?

이렇게도 말해 보세요

Sure! How can I help you?
좋아요! 어떻게 도우면 될까요?

오늘의 영상 Bluey Games to Play Indoors

무더위에 외출하기 힘든 오늘은 집에서 동물원 놀이를 해 보는 게 어떨까요? 소파에 누워만 있고 싶은 아빠에게 Bluey가 장난기 가득한 목소리로 말합니다. "We got a special job for you!(아빠에겐 특별한 역할이 있지요!)" 가족 간의 따뜻한 일상 회화가 가득한 Bluey 시리즈는 늘 최고의 영상과 놀이 자료를 선사합니다.

May
13
Day 133

Can you please tell grandma that you'll help her?

할머니께 도와드리겠다고 말해 줄 수 있겠니?

아낌없는 할머니의 사랑을 충분히 누리는 어린 시절은 축복이에요. 그런 할머니를 고사리 같은 손으로 도울 기회를 아이에게 줘 보세요. 삼대가 함께 요리를 하다 보면 어느새 마음이 뿌듯해진답니다.

이렇게도 말해 보세요

She says "Not, now!"
"지금은 아니야!"라고 하시네요.

오늘의 영상 Grandma's House!

방과 후 아기 동생과 함께 할머니 댁에 방문해 대화를 나누는 인형들의 이야기입니다. 영상을 통해 "Who's there?(누구니?)" "Let us in!(우리 좀 들여 보내 주세요!)" 등 일상 회화를 익힐 수 있어요.

August

15

Day 227

Why don't we blow up a balloon and play tennis?

풍선을 하나 불어서 그것으로 테니스를 치면 어떨까?

실내에서 할 수 있는 활동으로 풍선 테니스 놀이는 어떨까요? 몸을 신나게 움직이는 놀이는 아이의 뇌를 깨웁니다. 단, 층간 소음 대비는 꼭 잊지 마세요!

이렇게도 말해 보세요

Why don't we set up a tent in the living room for fun?
재미로 거실에 텐트를 치면 어때요?

오늘의 책

Inside Mary Elizabeth's House
by Pamela Allen

"There's a monster at my house!(우리 집에 괴물이 있어!)"라며 Mary가 매일같이 말해도 좀처럼 믿지 않는 소년들. 그런데 저녁 식사에 초대 받아 Mary의 집에 방문하게 되었습니다. 정말 그녀의 집에는 괴물이 있을까요?

May
14
Day 134

• 복습하기 •

Day 128
Let's go visit grandma!
Let's go to see grandma!

Day 129
I want you to be polite to your grandparents.
Ok, I will. Don't worry.

Day 130
Do you want to go shopping with grandma?
Would she like to go there with me?

Day 131
You are supposed to stay there with grandma for three hours.
Am I supposed to be there for such a long time?

Day 132
Your grandma will take care of you tonight.
My grandpa will look after me tonight.

Day 133
Can you please tell grandma that you'll help her?
She says "Not, now!"

오늘의 노래 Grandma Song

"Grandma is the best!(할머니가 최고야!)"라는 가사가 반복되는 경쾌한 노래입니다. 할머니가 왜 최고인지는 우리 모두 알고 있지요. 따뜻한 색감으로 쿠키를 만들어 주시거나 꼬옥 안아 주시는 할머니의 모습과 함께 친근한 가사를 즐겨 보세요.

August
14
Day 226

• 복습하기 •

Day 220
What do you like doing?
What do you do for fun?

Day 221
I like listening to music and playing the piano.
I like hiking with you!

Day 222
I want you to do what you like.
I don't know what I like to do for fun.

Day 223
When I'm bored, I usually do a dance!
When I can't go to sleep, I usually count the numbers!

Day 224
As you can see, I love watching movies.
As you can see, I love reading books.

Day 225
Now I see that you're crazy about doing magic!
Now I see that you love me so much!

오늘의 노래 What Do You Like to Do?

경쾌한 운율로 자신이 좋아하는 것들을 노래합니다. "I Like dancing. But I don't like dancing with a bear.(춤추는 건 좋아. 곰이랑 춤추는 건 좋아하지 않아.)" 노래 가사처럼 좋아하는 것들과 아닌 것들을 말해 봅시다.

May

15
Day 135

I hope you get along with each other.

너희들이 서로 잘 지내기를 바란다.

아이가 둘 이상이면 서로 싸움이 끊이지 않는 것이 보통의 가정입니다. 항상 사이가 좋을 수는 없겠지만 엄마는 늘 아이들이 서로 잘 지내기를 바랄 수밖에요.

이렇게도 말해 보세요

We can get along with each other.
우리는 서로 잘 지낼 수 있어요.

오늘의 책 The Baby Sister by Tomie dePaola

하루하루 점점 배가 불러오는 엄마 곁에서 머리에 빨간 리본을 단 어여쁜 여동생 만날 날을 손꼽아 기다리는 Tomie. 동생을 기다리는 따뜻한 오빠의 마음을 느낄 수 있는 책입니다. "Can I have a babysister with a red ribbon in her hair?(머리에 빨간 리본을 단 여동생을 가질 수 있어요?)" 라는 오빠의 말을 찾아 보세요.

August 13
Day 225

Now I see that you're crazy about doing magic!

이제 보니 너 마술하는 거 엄청 좋아하는구나!

아이의 취미가 엄마 마음에 들지 않을 수도 있어요. 그러나 '내가 좋아하는 것'에 관심을 두지 않는 엄마의 잔소리는 공허한 메아리입니다. 아이가 좋아하는 것에 관심을 가져 보세요.

이렇게도 말해 보세요

Now I see that you love me so much!
이제 엄마가 나를 아주 많이 사랑한다는 걸 알겠어요!

오늘의 영상 Kids Meet a Magician!

지갑에서 불이 나는 마술을 하면서도 천연덕스럽게 아이들과 인사하는 마술사 아저씨의 연기와 아이들의 순수한 반응이 너무 재미있습니다. 흥미 가득한 장면 속 일상 회화를 익혀 보세요.

May
16
Day 136

Can you tell your sister that supper is ready?

누나한테 저녁 준비 다 되었다고 말 좀 해 줄래?

'식구'라는 말은 '밥을 함께 먹는 사람'이라는 뜻이지요. 어려서부터 형제 자매가 식사 시간에 서로를 챙기는 것이 일상이 되도록 도와주세요.

이렇게도 말해 보세요

She'll come when she finishes her homework!
숙제 다 마치면 올 거래요!

오늘의 영상 Siblings

둘러앉은 친구들에게 동생을 소개해 주며 질문을 받습니다. 어린 동생이 말을 할 줄 아는지, 침대에서 소변을 못 가리는 'bed wetter'는 아닌지, 아기 동생에 대해 궁금해 하는 아이들의 질문이 재미있어요.

August 12
Day 224

As you can see, I love watching movies.

보다시피 엄마는 영화 보는 것을 참 좋아해.

평소 일상을 자주 공유하는 엄마와 아이는 서로 좋아하는 것이 무엇인지 알고 있을지도 모르지만 사실 가족이라는 이유로 잊을 때가 많아요. 때로는 말을 해 주어야 서로 좋아하는 게 뭔지 알고 인정하며 지지할 수 있을 것입니다.

이렇게도 말해 보세요

As you can see, I love reading books.
보시다시피 저는 책 읽는 것을 좋아해요.

오늘의 책

The Best Show & Share by Mercer Mayer

Little Critter와 친구들이 'show and share(좋아하는 것을 가져와 발표하는)' 시간을 준비합니다. 책 속 친구들이 좋아하는 것들을 보며 나는 과연 무엇을 좋아하는지 생각해 볼 수 있어요. 책에서 자주 반복되는 bring의 뜻이 무엇인지 상황과 함께 익혀 봅시다.

May
17
Day 137

Your brother seems to be sick.

네 형이 아픈 것 같구나.

아이들을 케어하다 보면 아픈 아이들을 간호해야 하는 상황이 자주 생깁니다. 어느 한 명이 아플 경우 아프지 않은 다른 한 자녀에게 이 상황에 대해 잘 설명해 줄 필요가 있지요? 아직 어린 아이들이 서로 시샘하지 않도록 부드럽게 설명해 주세요.

이렇게도 말해 보세요

He is just pretending!

형은 그냥 꾀부리는 거예요!

오늘의 책 Arthur's Chichen Pox by Marc Brown

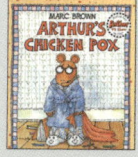

갑작스레 수두에 걸려 그렇게도 기다리던 서커스 관람을 놓치게 될 위기에 처한 Arthur. 동생 D.W.는 온 가족의 보살핌을 독차지하는 듯 보이는 오빠를 질투하며 놀립니다. 다행히 서커스 관람일 직전에 회복이 되었지만 Arthur 가족에게 또 다른 문제가 생겼네요.

August
11
Day 223

When I'm bored, I usually do a dance!

나는 지루할 때면 춤을 춘단다!

아이의 취미가 딱히 없는 것은 지루할 틈을 주지 않아서이지 않을까요? 아이들에게 지금 이 시간을 즐길 여유를 주세요. 자신만의 행복을 찾아가는 여정에 꼭 필요하기 때문입니다.

이렇게도 말해 보세요

When I can't go to sleep, I usually count the numbers!
잠을 잘 수 없을 때에는 보통 숫자를 세어요!

오늘의 영상 Angelina and the Must-Have Ballet Bag

"Delivery!(배달이요!)" Angelina와 동생 Polly에게 깜짝 선물이 도착했어요. 발로 뛰며 연주하는 거대한 발판 키보드네요. 하지만 이 특별한 선물의 카탈로그로 인해 또 다른 욕심이 생기게 됩니다.

May
18
Day 138

Will you help her fix the toy car?

(여)동생이 장난감 자동차 고치는 것 좀 도와줄래?

집에서 사용하던 물건이 망가지면 엄마 혼자서 고칠 때가 많습니다. 아이들이 먼저 문제 해결에 도전할 기회를 주세요. 그리고 그 과정에서 아이들이 서로 도울 수 있는 기회까지 준다면 더욱 좋겠지요?

이렇게도 말해 보세요

Will you help me clean the room?
방 청소하는 것 좀 도와주실래요?

오늘의 영상 Peter Pan

"Give them a hand!(동생들을 도와주렴!)" 엄마의 잔소리가 지겨운 큰딸 Wendy는 어쩔 수 없이 동생들과 방 청소를 하고 있었어요. 그들은 갑자기 창문으로 들어온 Peter Pan의 제안으로 원더랜드에 도착해 말하는 나무(talking tree)를 찾아 나섭니다.

August
10
Day 222

I want you to do what you like.

네가 좋아하는 걸 하기 바라.

아이가 좋아하는 것을 즐길 시간을 주세요. 지금 아이에게 중요한 것은 좋아하는 것에 마음껏 빠져 볼 기회입니다. 나중에는 시간이 부족해 그럴 여유가 생기지 않는다는 사실을 잊지 마세요.

이렇게도 말해 보세요

I don't know what I like to do for fun.
내가 뭘 하고 싶은지 모르겠어요.

오늘의 책

Things I Like by Anthony Browne

내가 좋아하는 것이 무엇인지 모를 때에는 다른 친구들이 무엇을 좋아하는지 한번 살펴도 좋습니다. 아이에게 공감되는 취미가 있으면 반가울 것이고, 없다면 내가 직접 이 책 뒷장을 이어가고 싶은 마음이 들 거예요. 산뜻한 그림과 함께 painting, riding 등 기본 동명사(~하기)들을 자연스레 익힐 수 있어요.

May
19
Day 139

I want you to share the bread with your sister.

(여)동생이랑 빵 좀 나누어 먹으면 좋겠다.

항상 자기중심적인 아이들에게 나눈다는 것은 참 힘든 일입니다. 하지만 어릴 때 형제나 자매에게 가지는 가장 큰 서운한 감정이 바로 이것과 관련되어 있지요. 평소에 자주 나눔의 가치에 대해 아이와 대화해 보세요.

이렇게도 말해 보세요

Let me share it with my sister.
(여)동생이랑 나눌게요.

오늘의 책 We Share Everything! By Robert Munsch

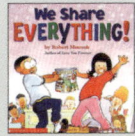

"In kindergarten we share everything!" 유치원에서는 모든 것을 나누는 것이 미덕이라 가르칩니다. 하지만 이런 선생님의 조언이 무색하게 매번 물건을 나누어 쓰지 않으려는 Jeremiah는 친구들과 번번이 부딪칩니다. 그러다 마침내 나누어 쓰는 물건이 생겼는데 선생님은 이를 보고는 몹시 당황해 하네요. 그것이 무엇일까요?

August
9
Day 221

I like listening to music and playing the piano.

음악 듣기랑 피아노 치는 것을 좋아해.

엄마, 당신의 취미는 무엇인가요? 결혼과 출산 이후 이어지는 촘촘한 생활로 내가 좋아하는 활동에 대해서 미처 생각해 본 적 없는 분들이 많습니다. 늘 기억하세요. 엄마가 행복해야 아이도 행복합니다.

이렇게도 말해 보세요

I like hiking with you!
나는 엄마랑 등산 가는 것이 좋아요!

오늘의 영상 Ruby's Piano Practice

학교에서 열리는 재능 콘서트를 위해 Ruby는 열심히 피아노를 연습합니다. 그런데 자꾸 Max가 방해를 하네요. 우리 귀에 익숙한 'Twinkle twinkle little star! How I wonder what you are!(반짝 반짝 작은 별, 너는 얼마나 경이로운지!)' 노래 가사도 즐겨 보세요.

May 20

Day 140

Never talk like that to your brother!

(남)동생한테 그렇게 말하면 절대 안 돼!

예쁘고 좋은 말만 배우기를 바라는 엄마의 소망과는 달리 아이들은 자라면서 나쁜 말도 배워 사용하는 모습을 종종 보게 됩니다. 아이가 절대 해서는 안 되는 말을 내뱉었을 때는 아이의 눈을 쳐다보며 이렇게 힘주어 말해 주세요.

이렇게도 말해 보세요

Don't talk to me. Just leave me alone!
저한테 말 시키지 마세요. 저를 그냥 내버려두세요!

오늘의 영상 Max's Sandwich

스카우트 활동을 위해 음식 박람회에 온 Ruby는 함께 따라온 동생 Max에게 다양한 나라의 언어와 문화를 부지런히 가르쳐 주지만 Max는 오직 한마디만을 외칩니다. "Sandwich!" 각 나라의 언어로 인사하는 방법도 함께 배울 수 있어 더욱 흥미롭습니다.

August

8

Day 220

What do you like doing?

뭐 하는 걸 좋아하니?

아이의 행복을 바라지 않는 부모는 없습니다. 내 아이가 무엇을 할 때 행복한지 관찰해 보세요. 아이에게 직접 물어보는 것도 좋습니다. 때마다 바뀔지라도 잘 기록해 놓으면 내 아이를 이해하는 중요한 단서가 될 거예요.

이렇게도 말해 보세요

What do you do for fun?
취미가 뭐예요?

오늘의 책 **Let's Go for a Drive!** by Mo Willems

갑작스런 드라이브를 위해 필요한 것들을 하나하나 준비하던 Gerald와 Piggie는 신나게 노래까지 부르며 한껏 들뜬 마음을 드러냅니다. 그러다 막판에 가장 중요한 것 한 가지가 빠졌다는 사실을 알게 됩니다. 이렇게 허무할 수가! 주인공 친구들의 감정선을 살려 재미있게 읽어 주세요.

May
21
Day 141

• 복습하기 •

Day 135
I hope you get along with each other.
We can get along with each other.

Day 136
Can you tell your sister that supper is ready?
She'll come when she finishes her homework!

Day 137
Your brother seems to be sick.
He is just pretending!

Day 138
Will you help her fix the toy car?
Will you help me clean the room?

Day 139
I want you to share the bread with your sister.
Let me share it with my sister.

Day 140
Never talk like that to your brother!
Don't talk to me. Just leave me alone!

오늘의 노래   My Big Brother Song

잘 놀아 주며 웃게 해 주고 망가진 물건을 고쳐 주는 오빠를 즐거워하는 동생들의 노래와 이어지는 오빠의 뿌듯한 반응이 경쾌합니다. "I'm so glad there's three of us to laugh and play and run.(함께 웃고 놀고 뛰는 우리 셋이 있어서 너무 기뻐요.)" 반복되는 세 남매의 즐거운 노래를 신나게 따라해 보세요.

August

7

Day 219

• 복습하기 •

Day 213
I'm tired from working so I need to take a rest.
I think you need to get some rest.

Day 214
What a nice place! Why don't you lie down here?
It's so cozy around here.

Day 215
Is there anything I can get you?
Is there anything I can help you with?

Day 216
I wish I could spend some time reading books all by myself.
I wish I could play outside all day long!

Day 217
Walking in the forest is a rest for me.
Leave me alone. Doing nothing is how I rest.

Day 218
This is gonna be the best summer vacation ever!
This is gonna be the best family trip!

오늘의 노래 Up, Up, Up!

풍선 기구를 타고 하늘로 높이 올라 세상 구경을 해 볼까요? 반복되는 구절과 쉬운 멜로디를 통해 노래 가사를 저절로 익힐 수 있어요. "Up Up Up Up in a balloon! Up so high I can touch the moon!"

May
22
Day 142

I want you to behave well at school.

학교에서 예의 바르게 행동하기 바란다.

처음 기관이나 학교에 아이를 맡기면 엄마는 기대와 우려의 감정이 동시에 듭니다. 하지만 선생님을 온전히 믿고 맡기면 아이는 더 잘 배울 것입니다.

이렇게도 말해 보세요

Don't worry. I can manage it.
걱정 마세요. 제가 알아서 할 수 있어요.

오늘의 책   My Best Teacher by Ladybird Books

책도 잘 읽어 주고, 노래도 잘하는데다 아이들 모두가 잘하는 것이 있다며 용기를 북돋아 주는 멋진 선생님의 이야기를 따라가 볼까요? 책의 초반에서 Peppa는 이렇게 말합니다. "She is the best teacher in the whole wide world!(그녀는 세상에서 가장 좋은 선생님이세요!)"

August

6

Day 218

This is gonna be the best summer vacation ever!

이건 가장 최고의 여름휴가가 될 거야!

최고의 휴가는 어떤 휴가일까요? 많은 관광지를 두루 다니는 휴가, 아늑한 숙소에서 편안하게 쉬는 휴가, 자연 그대로의 생태 환경을 충분히 누리는 휴가…. 가족과 행복한 상상을 하며 서로의 생각을 나누어 보세요.

이렇게도 말해 보세요

This is gonna be the best family trip!
이건 최고의 가족 여행이 될 거예요!

오늘의 영상 Things to Do in Summer Vacation

바닷가에서 수영하기, 자전거 타기, 공원 나들이 그리고 도서관이나 박물관 가기 등 여름휴가에 가족이 함께 할 수 있는 활동들에 대해 정리해 그림과 더불어 설명해 줍니다. 휴가 계획을 세울 때 아이들과 함께 시청하면 좋은 아이디어를 얻을 수 있을 거예요.

May
23
Day 143

What did the teacher say?

선생님이 뭐라고 하셨어?

아이가 자라 선생님과 생활을 하는 시기가 되면 아이의 사소한 실수에도 예민해지기 쉽습니다. 숙제를 안 하거나 준비물을 안 가져 갔을 때면 조마조마한 마음으로 이렇게 묻게 되곤 하지요.

이렇게도 말해 보세요

He said it was ok.
괜찮다고 말씀하셨어요.

오늘의 영상 Daniel's Substitute Teacher

몸이 안 좋은 Harriot 선생님을 대신하여 오신 남자 선생님이 처음에는 낯설어 실망하는 Daniel Tiger. 하지만 "That's OK. Today we can do things a different way(괜찮아. 오늘은 다른 방식으로 할 수 있어.)"라며 반복되는 노래처럼 선생님과 곧 즐거운 하루를 보냅니다.

August
5
Day 217

Walking in the forest is a rest for me.

숲속 산책은 나에게 하나의 쉼이란다.

울창한 나무와 흙냄새 가득한 숲속을 걸어 보는 것도 쉼입니다. 가만히 앉아 미디어를 즐기기만 하기보다는 늦은 오후 시간에 시원한 여름 냄새 가득한 숲속을 가족과 거닐어 보는 것도 좋겠지요?

이렇게도 말해 보세요

Leave me alone.
Doing nothing is how I rest.
저 좀 내버려 두세요.
아무것도 안 하는 것이 저에게는 쉬는 방법이에요.

오늘의 책 Arthur's Family Vacation by Marc Brown

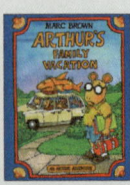

친한 친구 Buster와의 캠프에 더 마음이 끌리는 Arthur는 마지못해 가족 여행을 떠납니다. 그런데 비좁은 수영장, 비 소식 등 뭔가 좋지 않은 일이 연이어 벌어지네요. 일주일 간의 소중한 가족 여행을 이대로 망치게 되는 걸까요? 휴가철 일어나는 일들이 아이들에게 친근하게 느껴져 몰입하기 쉬워요.

May
24
Day 144

She will understand your mistake.

선생님은 네 실수를 이해하실 거야.

혹여 선생님께 잘못 보이게 될까 전전긍긍하는 초보 엄마의 마음은 이해하지만, 엄마는 좀 더 멀리 보고 내 아이의 실수에 유연하게 대처할 필요가 있습니다. 아이가 유치원이나 학교에서의 실수로 인해 혹시 속상해 하면 이렇게 말해 주세요.

이렇게도 말해 보세요

What should I do if she doesn't understand my mistake?//
만약 선생님이 나를 용서하지 않으면 어떡하지요?

오늘의 책   My Teacher Is a Monster! by Peter Brown

학교에서는 엄격한 선생님이 학교 밖 공원에서 만나니 세상 재미있는 분이었어요. 책 속 선생님의 다양한 표정이 너무 재미있답니다. 선생님을 더욱 따뜻하고 가깝게 느낄 수 있게 해 줍니다.

August

4

Day 216

I wish I could spend some time reading books all by myself.

엄마는 책이나 좀 읽으며 혼자만의 시간을 보내고 싶어.

결혼 전에는 몰랐습니다. 나만의 시간이 이리도 소중한 줄을요! 단 하루만이라도 가족에게서 벗어나 엄마 자신의 내적인 성장을 위해 시간을 보낼 수 있다면 얼마나 좋을까요.

이렇게도 말해 보세요

I wish I could play outside all day long!
하루 종일 밖에서 놀고 싶어요!

오늘의 영상   Mama's New Job

"What would I do without you?(당신 없이 내가 뭘 하겠어?)"라며, 오직 가족을 위해서만 시간을 보내는 Mama에게 고마움을 표현하는 Papa. 어느 날 Yard Sale(개인 벼룩시장)에 널어놓은 손수 만든 이불들에 이웃들이 관심을 보이자 가족들의 배려로 Mama는 새로운 도전을 시작하게 됩니다.

May
25
Day 145

Say thank you to your teacher!

선생님께 감사하다고 말씀드리렴!

아이가 부모 외에 처음 만나는 어른인 선생님은 아이의 삶에서 가족 외에 가장 중요한 타인입니다. 새로운 지식과 지혜를 전해 주시는 선생님께 고마움을 느끼고 표현할 줄 아는 사람이 되도록 자연스레 가르쳐 주세요.

이렇게도 말해 보세요

Sure, I will!
그럼요, 그래야죠!

오늘의 영상   Angelina Keeps the Peace

"Sometimes I like to dance on my own and other times I like to dance in a group.(때로는 혼자, 어떨 때는 함께 춤을 추고 싶어.)" MiMi 선생님은 오늘 4명씩 나누어 그룹으로 연습해 발표하는 미션을 주십니다. 과연 친구들이 협동심을 발휘해 미션을 잘 해낼 수 있을까요?

August 3

Day 215

Is there anything I can get you?

엄마가 가져다 줄 게 있을까?

쉬는 게 쉬는 것이 아닌 게 엄마의 휴가인가 봐요. 아이들의 행복한 놀이를 지원해야 하는 엄마의 일상은 휴가철에도 계속됩니다. 아이들에게 필요한 것이 뭐가 더 있는지 자꾸 물어보게 되니까요.

이렇게도 말해 보세요

Is there anything I can help you with?
제가 도와드릴 것이 있나요?

오늘의 책

The Berenstain Bears Go on Vacation
by Stan & Jan Berenstain

해변 특유의 바다 냄새와 파도 소리, 마음을 평온하게 해 주는 멋진 광경과 숙소에서 맞이하는 일출…. Bear 가족의 휴가와 함께하다 보면 독자들도 쉼을 누릴 수 있을 거예요. "You can leave your cares and worries behind!(모든 걱정거리들을 버리고 올 수 있어요!)"

May
26
Day 146

I think your teacher didn't mean it.

(선생님은) 그런 의미가 아니었을 거야.

아이들이 기관에 가면 선생님과의 일상에서 작은 오해로 곤란한 상황에 처할 때가 많습니다. 아이들의 말을 먼저 들어준 이후에는 선생님의 입장에서도 충분히 생각해 볼 기회를 주세요.

이렇게도 말해 보세요

I was so sorry to hear that.
그런 이야기를 들어 정말 억울했어요.

오늘의 책 The Miss Nelson Collection
by Harry Allard and James Marshall

난장판인 아이들 앞에서 "Settle down.(좀 진정해.)"이라 말하며 부드럽게 지도하는 Nelson 선생님. 그래도 말이 통하지 않자, Nelson 선생님은 다음 날 학교에 오지 않으셨어요. 이후 새로 오신 선생님의 엄격한 훈육에 질린 아이들은 Nelson 선생님을 찾아 나섭니다.

August

2

Day 214

What a nice place! Why don't you lie down here?

정말 좋은 곳이구나! 여기 좀 누워 보지 않을래?

다시 오지 않는 아이들과의 행복한 추억을 쌓을 여름 휴가철이 돌아왔습니다. 무더위가 기승을 부리는 여름의 가족 여행 중 빼먹을 수 없는 좋은 시간은 아마도 편안한 숙박 공간에서의 여유로운 쉼이겠지요?

이렇게도 말해 보세요

It's so cozy around here.
여기 참 아늑해요.

오늘의 영상 Doc Needs Some Rest!

"We're gonna take great care of you!(우리가 엄청 잘 돌봐 줄게!)" 늘 돌봄을 받던 인형 친구들이 오늘은 몸이 안 좋은 Doc에게 최고의 돌봄 서비스를 시작합니다. 그런데 시끄러운 음악을 틀거나 이야기를 들려 준다며 소동을 벌이는 등 과한 돌봄이 오히려 Doc에게는 불편해 보이네요.

May
27
Day 147

You better listen to your teacher first.

먼저 선생님 말씀을 잘 듣는 것이 좋아.

진정한 배움을 위해 꼭 필요한 것은 '먼저 잘 듣는 것'입니다. 경청 없이는 스스로 학습이 불가능하지요. 그 누구에게서든 좋은 이야기를 선별해 주의 깊게 들을 수 있다면 그곳이 어디든 최고의 학교가 될 것입니다.

이렇게도 말해 보세요

I will listen carefully to my teacher.
선생님 말씀 잘 들을게요.

오늘의 영상 Timothy's Way

나는 너무 좋아하지만 남들은 잘 모르는 무엇인가가 있다면? 그 누구라도 선생님이 되어 가르칠 수 있다며 발표 과제를 주는 Jenkins 선생님의 태도가 멋집니다. 내 아이는 무엇의 전문가가 될 수 있을지도 한번 생각해 보며 서로 이야기 나누어 보세요.

August 1

Day 213

I'm tired from working so I need to take a rest.

일하느라 피곤해서 이제 좀 쉬어야겠어.

가족을 돌보느라, 혹은 일도 병행하느라 너무 고생한 엄마에게도 쉼이 필요합니다. 그 누구도 엄마의 휴식을 권하지 않는다면 엄마가 스스로에게 휴가를 주세요. You deserve it! 당신은 그럴 자격이 있습니다.

이렇게도 말해 보세요

I think you need to get some rest.
엄마도 좀 쉬어야 할 것 같아요.

오늘의 책

Eloise's Summer Vacation
by Kay Thompson

말괄량이 Eloise가 유모 Nanny, 운전기사 Butler와 함께 여름 휴가를 떠나요. 나이아가라 폭포와 러시모어 산, 그랜드 캐니언까지 미국의 유명한 명소를 이 한 책으로 만날 수 있어요.

May
28
Day 148

· 복습하기 ·

Day 142
I want you to behave well at school.
Don't worry. I can manage it.

Day 143
What did the teacher say?
He said it was ok.

Day 144
She will understand your mistake.
What should I do if she doesn't understand my mistake?

Day 145
Say thank you to your teacher!
Sure, I will!

Day 146
I think your teacher didn't mean it.
I was so sorry to hear that.

Day 147
You better listen to your teacher first.
I will listen carefully to my teacher.

오늘의 노래 ### The Teacher Song

Appleberry 선생님이 왜 최고의 선생님인지 아이들이 돌아가며 경험을 이야기합니다. 선생님 이름의 철자(APPLEBERRY)로 챈트를 하는 장면이 재미있어 알파벳을 처음 배우는 친구들에게도 좋아요.

August

Activities

8월에는 휴식과 놀이 활동에 관련된 말들을 담았습니다. 아이들과 잘 놀고, 잘 쉬고, 즐겁게 실내외 활동을 하며 대화를 나누어 보세요. 무더운 여름을 잘 보낼 수 있을 거예요.

Rest
Hobby
Indoor Activities
Outdoor Activities

May

29

Day 149

• 엄마표 영어 Q&A •

Q. 영어 그림책을 우리말로 해석해 주어야 할까요?

 엄마표 영어 초반에는 아이가 궁금하게 여길 때 엄마가 내용을 찾아 알려 주는 것이 좋아요. 내용도 모른 채 무조건 들으라고 하면 답답한 것이 당연합니다. 그러나 듣기량이 점차 늘어나면 차차 아이들의 질문이 잦아듭니다. 내용에 빠져들기 때문이지요. 그럴 때에는 아이가 먼저 묻기 전에 해석을 해 줄 필요가 전혀 없습니다.

 그리고 그림책을 해석하는 것은 쉬운 일이 아니에요. 문법의 법칙대로 직역을 하면 어색해서 전문 번역가가 맥락에 맞춰 적당한 우리말로 재창조하는 것이 한글 번역본이기 때문입니다. 아이들의 듣기 능력이 성장하면 아이를 믿어 보세요. 어느새 이해하고 있는 내용이 많아졌다는 것을 확인하게 될 것입니다.

July 31
Day 212

• 자녀교육 칼럼 •

"I'm here to catch you."

자녀에게 줄 수 있는 가장 큰 선물은 무엇일까요? 값비싼 장난감도 아니고 최고의 교육 상품도 아닙니다. 아이 하나 키우는 데 평생 들어간다고 하는 천문학적 숫자의 교육비도 아니에요. 아이에게 물려줄 가장 큰 유산은 아이가 평생 살아갈 가장 강력한 근본적 힘이어야 합니다. 바로 아이가 무엇을 하든 믿어 주고 사랑하는 부모의 존재 그 자체입니다. 아직 어린 아이들은 지금 현재 불편하고 모자란 것들에 대해 때때로 불평합니다. 하지만 흔들리지 않고 늘 그 자리에서 무엇에든 도전할 수 있도록 용기를 주는 부모는 아이 평생의 가장 큰 버팀목이 될 것입니다. 평생 내 편 하나만 있으면 그 무엇도 이길 수 있는 것이 사람이니까요. 먼 훗날 언젠가 내가 아이의 생에서 홀연히 사라져도 아이가 스스로 살아갈 수 있도록 회복탄력성을 선물하세요.

May
30
Day 150

• 엄마표 영어 Q&A •

Q. 아이가 처음 보기에 좋은 영어 영상을 어떻게 고를까요?

아이가 처음 영어 영상을 시청할 때에는 세 가지를 고려하세요. 첫째, 영상의 정서적 공감 수준입니다. 현재의 나이보다 너무 유치하거나 공감하기 어려운 윗세대의 문화를 담고 있으면 관심을 유지하기 힘듭니다. 둘째, 아이의 일상이 담긴 영상으로 시작해 보세요. 이 책에 자주 등장하는 'Daniel Tiger'나 'Caillou', 'Max and Ruby' 등 영상은 가족과의 일상 대화가 아주 많이 담겨 있어 이해하기 쉬울 뿐 아니라 소리도 명료해서 잘 들리는 대사들이 많습니다. 셋째, 뭐니 뭐니 해도 흥미도입니다. 아무리 권하고 싶어도 아이가 관심 없는 주제는 그림의 떡일 뿐 살을 찌우지는 못하겠지요. 아이가 즐길 만한 콘텐츠를 두루 제안해 지속성을 높여 주세요. 그러면 생각보다 빨리 영어가 편안한 아이가 될 수 있을 거예요.

July
30
Day 211

• 엄마표 영어 Q&A •

Q. 아이가 영어에 흥미를 느끼기 힘든 가장 큰 이유가 무엇일까요?

 발달 심리학자 에릭슨에 의하면 유아기와 아동기는 아이의 자율성과 성취 동기가 최대치로 증가하는 시기입니다. 이 무렵에는 아이가 자꾸 '내가 내가'라며 나서는 모습을 흔하게 볼 수 있습니다. 아이들이 자기 효능감을 찾아 스스로 성취하고 인정받으며 성장하는 시기에 엄마가 짜놓은 콘텐츠 로드맵은 자칫하면 아이 마음에 보이지 않는 상처를 주기 쉽습니다.

 콘텐츠를 고를 때에는 잘 나가는 옆집 아이가 아닌 내 아이가 주인공이 되도록 아이에게 맞추어 보세요. 아이가 싫다고 하면 억지로 들이밀지 마시고 아이의 취향을 깨닫는 계기로 삼아 보세요. 아이의 정서가 편하지 않아 보일 때면 하루 쉬어도 좋습니다. 내 아이가 즐기는 콘텐츠는 언제든 만날 수 있습니다. 특히 아이의 주도성을 존중하고 믿어 주는 부모 아래에서 자란다면요.

May 31
Day 151

• 자녀교육 칼럼 •

"Life is responsibility."

영미권의 가족 이야기에서 가장 많이 나오는 주제 중 하나는 책임감입니다. 특히 강아지나 고양이 같은 반려동물을 돌보거나 남의 집 방문 시 기본적으로 지켜야 할 것들에 대해 부모가 이야기해 줄 때 자주 등장하는 말입니다. 어려서부터 아이에게 책임감을 가르쳐 주세요. 아이는 스스로 무엇인가를 선택해 시도할 수 있도록 허용하는 부모의 양육 태도를 통해 성장합니다. 그런데 아동의 자율성은 책임감을 동시에 느끼고 이해할 때 비로소 온전한 힘을 발휘할 수 있습니다. 가정에서 아이가 책임져야 할 부분들을 어려서부터 정해 역할을 맡겨 주세요. 어설프더라도 맡겨진 일을 성실하게 수행했을 때의 기쁨을 누리는 것은 성장의 가장 큰 기반이 될 것입니다.

July

29

Day 210

• 엄마표 영어 Q&A •

Q. 아이가 그림만 보는 것 같은데 괜찮을까요?

 영어 그림책을 읽어 주거나 영어 영상을 노출할 때 아이가 도대체 이해는 하고 보는 건지 의심스러울 때가 많지요. 처음 엄마표 영어를 시도하면 누구나 피할 수 없는 질문입니다. 저 역시 그랬고요. 이렇게 생각해 보세요. 태어나서 처음 말을 익힐 때 아이는 어떻게 말의 의미를 이해했을까요? 아마도 엄마의 표정이나 상황, 즉 장면을 '보며' 경험치를 쌓아가다가 어느덧 뜻을 알게 되었을 것입니다.

 네, 우선 영상이나 그림책의 맥락이 담겨있는 장면을 보며 아이가 대략 추측만 하며 즐기는 것이 맞습니다. 그러나 그 기간이 길어지면 어느 순간 아이가 아는 언어의 총량이 많아져 더 이상 장면에 의지하지 않고 단어나 문장을 듣거나 읽기만 해도 이해하는 시기가 올 것입니다. 아기가 태어나 접하는 장면과 상황은 그 자체로 의미가 있다는 것을 꼭 기억해 주세요.

June

Daily Life 2

6월에는 일상에서 나눌 수 있는 대화 주제들을 담았습니다. 봄, 여름에 특히 자주 하게 되는 날씨와 건강 이야기, 공부 이야기, 전화 표현들로 아이와 즐거운 대화를 시작해 보세요.

Weather 1 Spring and Summer
Health
Studying
Talking on the Phone

July
28
Day 209

• 복습하기 •

Day 203
Where shall we set up the tent?
How much meat shall we prepare for camping?

Day 204
You're gonna have lots of adventures here!
I'm going to explore the campsite.

Day 205
Would you like to roast your own marshmallows?
Can I roast the meat by myself?

Day 206
How did you sleep last night?
Couldn't be better.

Day 207
Comfy bed and hot shower is not real camping.
I like real camping a lot!

Day 208
You'd better stop complaining and start having fun.
But I feel a little uncomfortable.

오늘의 노래 ### Going Camping Song

Camping! Camping! We're off to camp! 캠핑을 떠나요! 스카우트 친구들이 차를 타고 캠핑을 가는 동안 부르는 흥겨운 노래를 들으며 이번 주에 익혔던 표현들을 복습해 보세요.

June

1

Day 152

How's the weather today?

오늘 날씨가 좀 어때?

누구를 만나든 날씨는 가장 일상적인 이야기 주제일 것입니다. 아이들에게도 날씨는 늘 관심의 대상입니다. 오늘의 날씨에 따라 좌우되는 소풍이나 운동회 같은 이벤트가 많기 때문이지요.

이렇게도 말해 보세요

How are you today?
오늘 (컨디션이) 좀 어떠세요?

오늘의 책

Are You Ready to Play Outside?
by Mo Willems

밖에서 함께 놀자는 Gerald의 제안에 Piggie는 기분이 좋아요. 쏟아지는 폭우에도 둘은 이날 가장 신나는 하루를 보내게 된답니다. "우린 ~를 할 거야!"라는 뜻의 "We're going to run(skip, jump)!"이라는 영어 표현도 함께 익혀 보세요.

July
27
Day 208

You'd better stop complaining and start having fun.

불평은 그만하고 이제 좀 즐기면 좋겠구나.

캠핑에서는 아이들이 짜증을 낼 때도 있어요. 불편함을 말하자면 끝이 없는 것이 캠핑입니다. 하지만 아이는 곧 스스로 재미를 찾아 즐기게 될 테니 조금만 기다려 주세요.

이렇게도 말해 보세요
But I feel a little uncomfortable.
하지만 불편하단 말이에요.

오늘의 영상 Blippi Visits a Camp Site

Blippi 아저씨와 함께 캠프를 떠나 보세요. 가져온 음식과 장비를 하나하나 풀어 보는 장면은 보기만 해도 설렙니다. 텐트 안에서 침낭을 풀어 색칠놀이를 하고 숲속에서 숨바꼭질을 하거나 캠프파이어를 하는 장면은 직접 캠프를 간 듯 흥미를 더해 줍니다.

June

2

Day 153

It's rainy outside. We can't go out.

밖에 비가 오네. 우리 못 나가겠다.

갑자기 빗방울이 톡톡톡 떨어지는 날이면 아이는 어떤 마음이 들까요? 손꼽아 기다리던 야외 활동을 못해 속상할 수 있지만, 색다른 실내 놀이를 즐기다 보면 미처 예상치 못한 즐거움을 맛볼 수도 있답니다. 비 오는 날도 유쾌한 일상으로 만들어 봅시다.

이렇게도 말해 보세요

It's sunny outside.
Can I go out and play now?
밖에 해가 떴어요. 이제 나가 놀아도 돼요?

오늘의 영상 Blippi Learns about the Weather!

다양한 장소에 방문해 아이들의 호기심을 채워 주는 키즈 유튜버 Blippi 아저씨가 이번에는 날씨에 따라 필요한 옷차림을 설명해 줍니다. 영상 마지막에 나오는 날씨 노래 속 가사에 딱 들어맞는 장면들이 유익합니다.

July
26
Day 207

Comfy bed and hot shower is not real camping.

편안한 침대와 뜨거운 물 샤워는 진짜 캠핑이 아니지.

야외 캠프장에서 최대의 난제는 편안한 잠자리와 온수 샤워가 불가하다는 점입니다. 편안한 곳에서만 생활해본 친구들이 조금의 불편함을 감수하고 받아들이는 경험을 만들어 주세요.

이렇게도 말해 보세요

I like real camping a lot!
저는 진짜 캠핑이 정말 좋아요!

오늘의 책

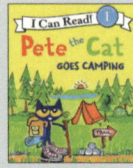

Pete the Cat Goes Camping by James Dean

Pete is excited to go camping! Pete는 첫 캠핑으로 신이 났어요. 숲속 호수에서 낚시도 하고 장작을 모아 캠프파이어도 하며 즐거운 시간을 보낸 Pete는 잠들기 전 신경 쓰이는 단 한 가지! 형 Bob이 들려준 이야기 속 무서운 거인 Bigfoot의 존재가 살짝 두렵습니다.

June
3
Day 154

It's gonna be warm and sunny tomorrow.

내일 따뜻하고 화창할 거라고 하네.

아이들의 하루를 마무리하며 내일을 준비하는 시간, 기상 캐스터가 날씨를 알려 줍니다. 일기예보 정보를 나누며 아이들에게 내일의 일정을 미리 준비하는 태도를 길러 주세요.

이렇게도 말해 보세요

It's gonna be cool and a little cloudy.
시원하고 구름이 좀 낄 거래요.

오늘의 책 The Bears' Picnic by Stan & Jan Berenstain

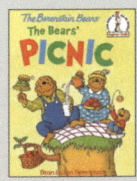

"We're going to go on a picnic today!(오늘은 소풍갈 거야!)" 날씨 좋은 날 피크닉을 떠나자며 가족을 데리고 외출하는 PaPa Bear. 그런데 하필 아빠가 고르는 장소마다 문제가 생겨 번번이 다른 장소를 찾아야 합니다. 곰 가족은 여유로운 피크닉에 성공할까요?

July
25
Day 206

How did you sleep last night?

어젯밤에 잘 잤니?

캠핑 둘째 날 아침이면 잠자리가 불편하지는 않았는지 아이들에게 물어보곤 합니다. 때로는 불편을 감내하는 것도 필요하다고 말하지만, 엄마의 속마음은 항상 아이들이 편안하기를 바라기 때문이지요.

이렇게도 말해 보세요
Couldn't be better.
최고였어요.

오늘의 영상 Peter's Horrid Swim

TV도 근사한 화장실도 없는 곳에서 지내야 하는 Henry 가족의 좌충우돌 캠핑 기록입니다. 깊은 밤 화장실에 가고 싶지만 Werewolf(늑대인간)가 나타날까 두려워하는 동생 Peter를 위해 웬일로 악동 Henry가 따라가 줍니다. "Go ahead! I'll keep guard with the torch!(어서 가! 내가 손전등을 들고 널 지켜 줄게!)" 그의 말을 믿어도 될까요?

June
4
Day 155

It's so windy!
(What a windy day!)

바람이 세차구나!

온갖 미세먼지를 날려버릴 듯 유난히 시원하게 바람이 부는 날이면 기분이 좋아집니다. 바람이 반갑게 느껴지는 날에는 아이와 산책하며 자연이 주는 즐거움에 대해 이야기를 나누어 보세요.

이렇게도 말해 보세요
What a hot day!
오늘 너무 더워요!

오늘의 영상 Caillou's Rainy Day

"We can jump in all the puddles!(물웅덩이에서 뛰어놀 수 있겠다!)" 비 오는 날 물웅덩이에서 신나게 놀 생각에 비옷과 장화를 착용하고 막 외출하려 했던 Caillou는 갑작스레 화장실에 가고 싶다며 다시 집으로 들어갑니다. 그런데 갑자기 눈에 띈 장난감 때문에 계획이 바뀌네요.

July
24
Day 205

Would you like to roast your own marshmallows?

마시멜로를 구워 보고 싶니?

불 옆에서는 아이들의 안전을 위해 엄격하게 조심시켜야 합니다. 그러나 특별한 이벤트로 아이들이 스스로 요리해 볼 기회를 주면 캠프 특유의 분위기와 함께 평생 잊지 못할 추억을 선물하게 될 것입니다.

이렇게도 말해 보세요

Can I roast the meat by myself?
제가 직접 고기를 구워 봐도 될까요?

오늘의 책

Curious George Goes Camping
by Margret & H.A. Rey

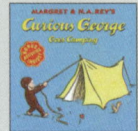

캠핑을 간 George는 마시멜로를 구워 먹을 거라는 말에 기분이 좋아 심부름을 나섰다가 길을 잃어요. 스컹크를 만나 방귀 냄새가 몸에 배기도 하고 산불을 만나는 등 더 안 좋은 일이 계속되지만 George는 모든 문제를 한번에 해결합니다.

June
5
Day 156

The fine dust is strong today.

오늘 미세먼지가 너무 많구나.

미세먼지가 많아 어둡고 우중충한 날도 아이들이 살아가며 경험해야 하는 삶의 일부가 되었습니다. 날씨가 안 좋은 날에는 집에서 즐길 수 있는 놀이 목록을 만들어 보세요.

이렇게도 말해 보세요
The air quality is poor today.
오늘 공기 질이 안 좋아요.

오늘의 책 The Big Umbrella
by Amy June Bates and Juniper Bates

"It is a big, friendly umbrella!(커다랗고 상냥한 우산이에요!)" 사람을 돕는 것을 좋아하는 커다란 우산 이야기입니다. 비를 피하려고 들어오는 모든 이들에게 피난처가 되어 주기를 좋아하는 이 큰 우산은 친구들이 찾아올 때마다 공간이 점점 넓어져요.

July
23
Day 204

You're gonna have lots of adventures here!

여기에서 많은 모험을 할 수 있을 거야!

모험은 꼭 상상 속에서만 하는 것이 아니에요. 부모님과 함께 떠나는 시원한 숲속에서 자연을 관찰하며 만나는 그 많은 생명체들과 오감으로 교감하는 것은 아이에게 최고의 모험을 선사할 것입니다.

이렇게도 말해 보세요

I'm going to explore the campsite.
저는 캠핑장을 둘러볼게요.

오늘의 영상　Tobee Goes Camping

Caitie와 Tobee가 숲속으로 캠핑을 떠납니다. 다람쥐도 만나고 새 관찰도 하고 카누도 타며 즐거운 시간을 보냅니다. 그런데 Tobee가 그토록 찾던 야행성인 올빼미는 즐거운 캠프파이어를 마치고 잠이 들고 나서야 나타나네요. 이를 어쩌나! 애니메이션보다 실사 영상을 좋아하는 친구들에게 더 좋아요.

June 6

Day 157

It's too humid.

너무 습하구나.

습한 날을 못 견디는 사람들에게는 고온 다습한 우리의 여름이 고역입니다. 습도를 낮추고 상쾌한 기분을 느끼기 위해 할 수 있는 일에는 어떤 것이 있을까요? 아이와 이야기 나누어 보세요.

이렇게도 말해 보세요

It feels too sticky.
너무 끈적거려요.

오늘의 영상 ## Where Does Kitty Go in the Rain?

비 오는 날 고양이가 어디로 갔을까요? 비가 오는 날의 풍경과 물의 순환 원리를 엄마와 딸의 대화를 통해 그려냅니다. 비 오는 날 조용히 움직이는 생명체들의 특징과 일상을 따뜻하게 속삭이듯 말해 줍니다. heat up(데우다), vapor(수증기), earthworm(지렁이) 등 비 오는 풍경 속 단어들을 익힐 수 있어요.

July

22

Day 203

Where shall we set up the tent?

어디에 텐트를 칠까?

이번 주는 캠핑과 관련된 표현을 알아보겠습니다. 아이에게 캠핑을 권유해 보면 어떨까요? 고층 빌딩이 즐비한 도심보다 아름다운 자연의 한복판에서 대자연의 소리가 주는 힐링을 느껴 보는 것은 아이들에게 다양한 교육적 영감을 줄 것입니다.

이렇게도 말해 보세요

How much meat shall we prepare for camping?

캠핑 갈 때 고기는 얼마나 준비하면 좋을까요?

오늘의 책 The Power Cut by Roderick Hunt

집에서 TV나 게임에만 몰두하는 아이들을 위해 갑작스런 오두막 캠핑을 제안하는 아빠. 아이들은 놀러 나와서도 다시 TV와 게임을 찾는데, 갑자기 정전이 됩니다. 그리고 그날 온 가족은 잊지 못할 여름날의 추억을 만들지요. 아이들이 모두 빠져드는 이야기의 힘을 느낄 수 있어요.

June

7

Day 158

• 복습하기 •

Day 152
How's the weather today?
How are you today?

Day 153
It's rainy outside. We can't go out.
It's sunny outside. Can I go out and play now?

Day 154
It's gonna be warm and sunny tomorrow.
It's gonna be cool and a little cloudy.

Day 155
It's so windy! (What a windy day!)
What a hot day!

Day 156
The fine dust is strong today.
The air quality is poor today.

Day 157
It's too humid.
It feels too sticky.

오늘의 노래 ### Weather Song

"How's the weather today?(오늘 날씨 어때?)" "It's rainy!(비가 와!)" 등 Pororo와 친구들이 날씨를 묻고 답하는 내용의 노래입니다. 아이들에게 친근한 캐릭터와 함께 날씨에 관한 기본 대화를 아이와 나누어 보세요.

July
21
Day 202

• 복습하기 •

Day 196
Are you frightened?
You never heard such a loud noise before.
I'm frightened!

Day 197
Did you watch the weather forecast? A typhoon is coming!
What should we prepare?

Day 198
It's heavy rain! You better get inside.
Let's run faster not to get wet!

Day 199
I've never seen so much rain before.
What's this? I've never seen a creature like this before.

Day 200
It's only the wind. I'll shut the door.
I will make sure the door is closed tight!

Day 201
It's sunny again! What should we do now?
Let's go camping!

오늘의 노래 Stormy Weather

"What do you do when there's a stormy weather?(폭풍우가 오면 무엇을 하나요?)" 갑작스레 폭풍우가 거세질 때 동물들은 어떻게 대처할까요? 반복되는 질문에 경쾌한 선율로 답변하는 노래를 들어 보세요.

June

8

Day 159

You look pale.

창백해 보이네.

학교에서 돌아온 아이의 표정이 좋지 않을 때 엄마는 가슴이 철렁 내려앉습니다. 우선 몸이 안 좋은 건지 확인해 본 후 마음 건강도 살펴야겠지요?

이렇게도 말해 보세요

You don't look so good.
컨디션이 안 좋아 보이세요.

오늘의 책   Just a Little Sick by Mercer Mayer

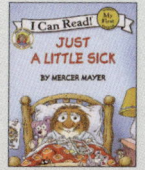

"Being just a little sick is fun.(조금 아픈 건 재미있는 일이지.)" 몸이 아파 학교도 못 가고 침대에서 누워 쉬게 된 Critter는 이렇게 생각해요. 침대에서 쉬라는 엄마 말을 듣지 않고 자꾸 방 밖으로 나와 TV도 보고 놀이도 하게 되네요. Little Critter는 진짜 아픈 것이 맞을까요?

July
20
Day 201

It's sunny again! What should we do now?

다시 해가 떴네! 이제 뭐 할까?

당장이라도 큰일을 낼 것 같은 거센 비바람도 영원히 계속되지는 않습니다. 세상을 다 삼킬 듯한 폭풍우 끝에 만난 청명한 날씨는 힘든 어른들에게도 큰 위로가 되지요. 이 또한 지나가리라!

이렇게도 말해 보세요

Let's go camping!
캠핑 가요!

오늘의 영상 Peep and the Big Wide World: Stormy Weather

아침에 화창한 날씨를 만난 Peep과 두 친구는 신나게 뛰어놀며 즐거운 시간을 보냅니다. 하지만 갑자기 어두워지며 구름이 끼고 바람이 불기 시작합니다. "This is weird. Everyone is gone except us.(이상해. 우리만 빼고 다 가버렸어.)"라는 대사를 찾아 보세요.

June

9

Day 160

You need some more exercise.

너 운동을 좀 더 해야겠구나.

아이의 건강만큼 부모에게 중요한 것은 없지요. 사실 우리 모두에게 건강은 최고의 가치입니다. 건강해야 꿈도 키우고 뭐든 해낼 수 있는 에너지가 생기니까요. 아이와 함께 운동하며 건강의 가치를 몸소 알려 주세요.

이렇게도 말해 보세요

You need to work out some more.
엄마는 운동이 좀 필요한 것 같아요.

오늘의 영상 Story of Sick Lion, Fox

나이 든 사자는 더 이상 사냥을 할 수 없어 굶주려 죽을 위험에 처했지만 꾀를 내어 죽기 전 마지막 유언을 하겠다며 아픈 척을 합니다. 많은 동물들을 유인해 잡아먹기에 성공하지만 꾀 많은 여우에게는 통하지 않지요. 내용을 유추하기 쉬운 우화라 듣기 자료로 보여 주기 좋아요.

July
19
Day 200

It's only the wind.
I'll shut the door.

그냥 바람일 뿐이야. 문을 닫을게.

태풍이 위험한 것은 맞지만, 필요 이상으로 아이들을 두렵게 할 필요는 없습니다. 자연의 위대함을 한번 상기했으면 되었지요. 집 주변이 안전한지 잘 살펴 소중한 아이들을 안심시킵시다.

이렇게도 말해 보세요

I will make sure the door is closed tight!
문이 잘 닫혔는지 확인할게요!

오늘의 책   The Wind Blew by Pat Hutchins

갑작스런 세찬 바람이 우산을 뒤집고 결혼식장의 풍선과 신랑의 모자를 날려버립니다. 바람의 심술로 일순간에 물건을 잃어버린 사람들이 줄지어 따라나서는 그림이 아이들의 흥미를 자극합니다. spin, whirl 등 뱅글뱅글 회전하는 모양을 나타내는 표현과 toss(던지다), pluck(잡아 뽑다) 등 다양한 단어들도 익혀 보세요.

June
10
Day 161

You might have germs so you need to wash your hands.

세균이 있을 테니 손을 씻어야겠구나.

아이들뿐 아니라 사람들 모두 눈에 보이지 않는 것들에 대해서는 경각심이 생기지 않는 경우가 많아요. 세균도 그중 하나입니다. 아이들이 스스로의 건강을 챙길 수 있도록 대화를 나누며 교육을 해 보세요.

이렇게도 말해 보세요

I've already done it!
이미 했어요!

오늘의 책 Germs! Germs! Germs! by Bobbi Katz

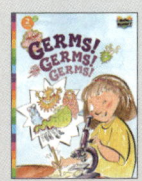

나쁜 친구들 같은 모습을 한 세균들이 자신들의 활동에 대해 이야기합니다. 너무 작아 현미경으로만 볼 수 있다며 큰소리치는 세균들의 이야기가 궁금하다면 한번 읽어 보세요!

July
18
Day 199

I've never seen so much rain before.

이렇게 비가 많이 오는 걸 본 적이 없는데.

비가 유난히 많이 와서 자연재해를 보도하는 뉴스가 점점 더 많아지고 있습니다. 때로는 아이와 함께 자연의 위력을 조용히 느껴 보아도 좋아요. 자연 앞에서 겸손할 때 위기에 대응하는 방법을 생각해 볼 수 있으니까요.

이렇게도 말해 보세요

What's this? I've never seen a creature like this before.
이게 뭐예요? 이런 생물은 처음 봐요.

오늘의 영상 A Stormy Night

비 오는 날 물웅덩이에서 친구와 즐겁게 놀던 Daniel은 갑작스런 천둥소리에 깜짝 놀라 무서워 집으로 돌아옵니다. 놀란 친구들을 안심시키는 엄마의 노하우는 '행복하게 하는 것들을 생각해 보기'랍니다. "Close your eyes and think of something happy." 노래 구절을 따라 해 보세요.

June

11

Day 162

You have a stomachache.

(너,) 배가 아프구나.

아이들은 건강하게 잘 놀다가도 갑자기 몸의 어느 부위가 아프다고 말할 때가 많아요. headache(두통), toothache(치통), stomachache(복통) 등 통증을 느낄 때 쓰이는 표현법을 연습해 봅시다.

이렇게도 말해 보세요

You have a headache.
(엄마한테) 두통이 있나 봐요.

오늘의 영상 Caillou and the Rash

갑작스레 배에 번진 발진(rash) 때문에 놀란 Caillou. "Let's think about what you did yesterday.(어제 뭘 했는지 생각해 보자.)" 발진의 원인을 찾기 위한 엄마의 질문에 Caillou는 어제 무엇을 했는지 차분하게 회상해 봅니다.

July
17
Day 198

It's heavy rain! You better get inside.

폭우가 쏟아지네! 안으로 들어가는 게 좋겠다.

밖에서 놀다가 갑작스레 폭우를 만나는 경험은 누구에게나 흔히 있는 어린 시절의 추억입니다. 삶에서 만나는 모든 문제는 배움의 시작점이 됩니다. 구름이 짙은 날에는 우비를 미리 준비해야 한다는 지혜를 얻을 수 있겠지요?

이렇게도 말해 보세요

Let's run faster not to get wet!
젖지 않도록 좀 더 빨리 뛰어요!

오늘의 책 Just a Big Storm by Mercer Mayer

갑작스레 폭풍우가 온다는 뉴스에 Little Critter 가족은 단단히 준비를 하지만 거센 비바람이 몰아치는 가운데 갑작스레 정전이 됩니다. 그런데 오히려 캠핑을 하는 것처럼 즐거운 밤을 보내게 된 Little Critter는 폭풍우가 지나가니 오히려 슬퍼하네요.

June
12
Day 163

I want you not to eat junk food.

나쁜 음식은 먹지 않기 바란다.

나쁜 음식을 먹이지 않으려는 노력을 안 해 본 엄마는 없을 테지요? 하지만 부모가 먼저 본을 보이지 않으면 junk food는 어느새 가족의 당연한 일상이 됩니다. 부모가 먼저 건강한 음식을 먹기 위해 노력해 봅시다.

이렇게도 말해 보세요

I will try not to eat junk food.
나쁜 음식은 안 먹도록 노력해 볼게요.

오늘의 책

And Too Much Junk Food
by Stan & Jan Berenstain

평소에 과자를 너무 좋아하고 배가 나온 PaPa bear. "Why don't you enter the race, Papa?(아빠, 경주에 참여해 보면 어때요?)"라며 출전을 권하는 아이들에게 여전한 건강을 자신하며 승낙하지만 잠시 동안의 운동에도 힘들어합니다. Grizzly 선생님이 가르치는 건강 교육이 유익합니다.

July

16

Day 197

Did you watch the weather forecast? A typhoon is coming!

일기예보 봤어? 태풍이 온다는구나!

장마와 태풍의 계절입니다. 비가 너무 많이 내리는 것도 문제이지만, 태풍은 특히 모두를 두렵게 하지요. 자연의 위대함 앞에 한없이 나약한 인간이 어떻게 대비를 해야 하는지 아이의 눈높이에 맞추어 이야기 나누어 보세요.

이렇게도 말해 보세요

What should we prepare?
무엇을 준비하면 좋을까요?

오늘의 영상 Tornado Alley!

미국의 중서부 지방에 재난 경보(disaster alert)가 울립니다. 빌딩이 파괴되고 불이 나는 장면에서 자연재해의 심각한 파괴력을 느낄 수 있어요. Rescue Hero들의 멋진 임무 수행 현장을 들여다 볼까요?

June
13
Day 164

Eating lots of vegetables is good for health.

채소를 많이 먹는 것이 건강에 좋아.

끊임없는 부모의 잔소리 중 하나입니다. 아이들이 성장하면서 친구들과 어울리기 시작하면 그동안 애써왔던 좋은 식습관이 무너지곤 해요. 스스로 이해해 식습관을 조절할 수 있도록 평소에 교육해 보세요.

이렇게도 말해 보세요
I'll keep it in mind.
명심할게요.

오늘의 영상 What Is Healthy Eating?

채소와 과일(fruit and vegetables), 탄수화물(carbohydrate), 단백질(protein), 유제품(dairy), 지방(fats) 등 5가지 영양소의 종류와 그 음식을 보여 주며 아이들이 건강한 식생활을 할 수 있도록 가이드합니다. 영양소의 이름을 우리말로 알려 주며 교육하는 시간을 가져도 좋겠습니다.

July
15
Day 196

Are you frightened? You never heard such a loud noise before.

깜짝 놀랐지? 이렇게 큰 소리는 들어본 적 없으니.

어른도 깜짝 놀라는 것이 갑작스런 천둥과 번개의 소리일 것입니다. 하물며 소리에 민감한 아이들은 얼마나 무서울까요. 갑작스런 여름날의 태풍에는 서로를 느끼며 안심할 수 있도록 온 가족이 함께 모여 스킨십을 하며 대화를 나누어 보세요.

이렇게도 말해 보세요
I'm frightened!
너무 놀랐어요!

오늘의 책

Clifford and the Big Storm
by Norman Bridwell

Emily가 해안가에 살고 계시는 할머니 댁에 Clifford와 함께 놀러갔어요. 평화롭고 즐거운 시간을 보내던 중 갑작스레 몰아닥친 폭풍우 속에서 많은 난관을 극복하는 Clifford의 활약상이 재미있어요. 그림책이지만 박진감 넘치는 이야기가 아이들의 시선을 붙잡습니다.

June

14
Day 165

• 복습하기 •

Day 159
You look pale.
You don't look so good.

Day 160
You need some more exercise.
You need to work out some more.

Day 161
You might have germs so you need to wash your hands.
I've already done it!

Day 162
You have a stomachache.
You have a headache.

Day 163
I want you not to eat junk food.
I will try not to eat junk food.

Day 164
Eating lots of vegetables is good for health.
I'll keep it in mind.

오늘의 노래   Vegetable Song

선명한 그림의 다양한 야채를 권하는 흥겨운 리듬의 노래입니다. 아이들이 매일 먹는 주변의 거의 모든 야채들이 등장해 신나게 노래를 따라 부르다 보면 carrot(당근), cabbage(배추) 등 영어 이름을 익힐 수 있어요.

July

14

Day 195

• 복습하기 •

Day 189
Aren't you tired? You haven't had your lunch yet.
What food did you bring?

Day 190
Do you want me to bury you in the and?
I want to build a sand castle first!

Day 191
We should be patient and wait.
I can't wait to slide down!

Day 192
Don't worry! I'm right here to catch you!
Stay there. I'm going down!

Day 193
I think you're exhausted. You need to get some rest.
I can play a little bit more. Go ahead and get some rest.

Day 194
Summer vacation is coming up! Let's make some plans.
Going swimming is the best!

오늘의 노래   Let's Go to the Beach!

"To the beach! To the beach! Grab your towel. Let's go to the beach!(타월을 쥐어 들고 해변으로 가요!)" '해변' 하면 떠오르는 플립플롭샌들과 신나는 음악, 파도와 모래성이 저절로 머릿속에 그려져요.

June

15

Day 166

Do you want to learn English?

영어 배워 보고 싶니?

미취학 또는 저학년 자녀에게 영어를 가르치고 싶다면 그것은 need가 아닌 'want'의 문제입니다. 아이들이 타국의 문화가 재미있어 보이도록 환경을 설정한 후 배우기를 원하는지 확인해 보세요. 영어 교육은 이렇게 시작하는 것이 바람직합니다.

이렇게도 말해 보세요

I want to learn how to swim.
저는 수영하는 방법을 배우고 싶어요.

오늘의 책   Froggy Learns to Swim by Jonathan London

아이들에게 너무나 인기 많은 Froggy 시리즈의 '수영 배우기' 편입니다. 개구리인데 물놀이보다 그네 타기를 더 좋아할 뿐 아니라 아직 수영을 못 한다는 작가의 독특한 주인공 캐릭터 설정이 재미있어요. Get, set, go!(준비, 시작!)을 의미하는 표현을 자연스레 익혀 볼까요?

July

13

Day 194

Summer vacation is coming up! Let's make some plans.

여름 방학이 다가오네! 계획 한번 세워 보자.

벌써 한 해의 절반이 지났어요. 지난 반년을 돌아보며 어른도 아이도 몸과 마음을 충전할 수 있는 휴가를 계획해 보세요. 쉽은 공부든 일이든 더 깊은 몰입을 위해 필요합니다.

이렇게도 말해 보세요

Going swimming is the best!
수영하러 가는 게 최고예요!

오늘의 영상 Blippi Learns How to Underwater Scuba Dive!

Blippi 아저씨가 이번에는 스쿠버 다이빙 체험을 하기 전 선생님과 대화를 나눕니다. 스쿠버 다이빙 장비를 가지고 아이들의 눈높이에서 wetsuits(방수복), tank(산소탱크) 등 관련 어휘와 다양한 바다 생물의 이름을 알려 줍니다.

June
16
Day 167

I think you need to learn how to count now.

너 이제 숫자 세는 방법을 배워야 할 것 같아.

아이가 처음에 학습을 하도록 유도할 때에는 명령하지 말고 엄마의 생각을 먼저 말해 보세요. 엄마가 먼저 필요성을 이야기하면 아이들은 조용히 마음에 담아 두지만, 섣불리 명령이나 재촉을 하면 오히려 반항하기 쉽답니다.

이렇게도 말해 보세요

I think I need to learn how to read now.
이제 어떻게 읽는지 배워야 할 것 같아요.

오늘의 영상 Enchanted Ice Dancing Lessons

Sofia와 Amber가 친구들과 함께 아이스 댄싱 수업을 받아요. Amber의 말을 찾아 보세요. "James, we told you this side of the rink is for ice dancing class!(James, 이쪽은 댄싱 수업을 위한 곳이라고 말했지!)"

July
12
Day 193

I think you're exhausted. You need to get some rest.

지친 것 같구나. 이제 좀 쉬어야겠다.

아이들과 물놀이를 가면 그 많은 에너지를 쫓아가기 힘들 때가 있어요. 지친 줄도 모르고 수영장을 종횡무진하는 아이를 잠시 붙잡아 쉬게 하는 것은 부모의 몫이지요.

이렇게도 말해 보세요

I can play a little bit more. Go ahead and get some rest.
저는 더 놀 수 있어요. 엄마 먼저 가서 좀 쉬세요.

오늘의 책 Let's Go Swimming! by Norm Feuti

귀여운 그림의 고슴도치 Hedgehog와 강아지 친구 Harry의 일상 대화가 만화로 엮어져 있는 재미있는 시리즈 중 수영 에피소드입니다. 엄마와 번갈아 읽으며 연기하듯 낭독 연습을 하기에도 좋아요.

June
17

Day 168

I'm so proud you improved a lot.

실력이 많이 늘어서 정말 자랑스럽구나.

아동기의 인지 발달을 위해 가장 중요한 것은 자율성과 자기 효능감입니다. 아이들이 스스로 선택한 것을 연습하는 과정에서 예전보다 발전한 모습이 보일 때에는 이렇게 말해 주세요. 칭찬하는 부모의 말은 아이를 더 잘 해내고 싶게 합니다.

이렇게도 말해 보세요

I'm so happy you think so.
그렇게 생각해 주시니 정말 기뻐요.

오늘의 책 **Arthur's Reading Race** by Marc Brown

글자를 잘 읽는 모범생 오빠 Arthur는 동생 D.W.에게 읽는 방법을 가르쳐 줄 수 있다고 합니다. "Read ten words, and I'll buy you an ice cream." Arthur는 D.W.가 거리에서 만나는 10개의 단어를 읽어서 실력을 입증하면 아이스크림을 사 주겠다는 약속을 합니다.

July
11
Day 192

Don't worry! I'm right here to catch you!

걱정 마! 엄마가 잡아 주려고 여기 있어!

아이가 긴 워터 슬라이드를 처음 탈 때를 기억해 보세요. 아이의 짧은 인생에 얼마나 큰 도전이었을까요. 아이들에게 든든한 버팀목이 되어 주듯 슬라이드 아래에서 이렇게 크게 외쳐 보세요.

이렇게도 말해 보세요

Stay there. I'm going down!
거기 계세요. 저 내려가요!

오늘의 영상

Family Fun Day at the Waterpark for Kids with Ryan's Family Review

Ryan 가족이 다 함께 워터파크로 짧은 여행을 갑니다. "Here is the kitchen area.(여기가 부엌이네.)" "This is a bedroom.(여기는 침실이네.)" 캄캄한 밤중에 도착한 Ryan 가족이 숙소를 둘러보며 행복하게 나누는 대화는 비슷한 경험이 많은 우리 친구들에게 익숙합니다.

June

18

Day 169

Do you remember what you learned last time?

저번에 배운 거 기억나니?

아이가 잘 하고 있는지 확인하고 싶은 마음에 질문을 너무 자주 하면 아이는 비난을 받는 것 같아 마음이 초조해져요. 이 말을 할 때에는 다그치는 말투가 되지 않도록 항상 주의해 주세요.

이렇게도 말해 보세요

No, I don't remember what I learned last time.
아니요, 지난 시간에 배운 게 기억나지 않아요.

오늘의 영상 Caillou Learns to Ride a Bike

"Caillou felt a little silly.(Caillou는 바보처럼 느껴졌어요.)" 보조 바퀴 없이 자전거를 타는 친구들을 보고 마음이 상한 Caillou는 아빠에게 두 발 자전거 타는 방법을 배우기 시작합니다. 처음에는 어서 친구들을 따라잡고 싶은 마음이 앞서 넘어지기도 하지만 금세 배워 경주까지 하네요.

July

10

Day 191

We should be patient and wait.

인내심 있게 기다려야겠어.

주말이나 휴가철의 워터파크에서는 인기 있는 슬라이드 앞에서 아이들이 길게 줄을 서야 하는 경우가 많아요. 순서를 지키는 매너는 어릴 때부터 부모가 가르쳐 주는 습관에서 시작됩니다.

이렇게도 말해 보세요

I can't wait to slide down!
어서 타고 싶어요!

오늘의 책 No More Water in the Tub! by Tedd Arnold

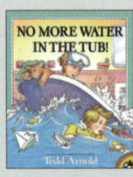

William은 동생의 목욕을 돕다가 욕조의 수도꼭지를 잘못 돌려 갑자기 물이 폭발하듯 발사하는 바람에 결국 아파트 전체가 거대한 워터파크가 되었네요. 그런데 이 소동의 주인공 William은 나중에 오히려 칭찬과 상을 받게 되는데, 이유가 뭘까요?

June

19

Day 170

I don't think it's enough.

충분하지 않은 것 같은데.

엄마의 눈에는 늘 아이의 학습이 충분해 보이지 않습니다. 부모가 평소에 많이 하는 말이지만, 이 말을 하기 전에는 조용히 아이의 도전과 노력에 대해 먼저 '충분히' 칭찬하는 것이 좋겠습니다.

이렇게도 말해 보세요

That's enough!
충분해요!(이제 그만해 주세요!)

오늘의 책   Amelia Bedelia Goes Back to School
by Herman Parish

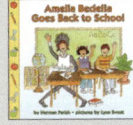

천진난만한 가사도우미 Amelia가 아이들을 학교에 데려다 주러 갔다가 함께 수업을 들으며 벌어지는 해프닝이 재미있어요. "Please take your seat.(자리에 앉아 주세요.)"라는 말을 듣고 정말 의자를 들고 옮기려 하는 등 말의 맥락을 잘못 파악해 일어나는 일들이에요.

July

9

Day 190

Do you want me to bury you in the sand?

모래에 묻어 줄까?

해변에서 즐길 수 있는 놀이 중 꼭 물놀이만 있는 것은 아니죠? 아이들과 해변에 가면 빠지지 않고 하는 놀이가 모래 놀이입니다. 특히 가족을 위해 모래 침대를 만들어 주는 활동은 항상 재미있어요.

이렇게도 말해 보세요

I want to build a sand castle first!
모래성 짓기 놀이 먼저 하고 싶어요!

오늘의 영상 At the Beach

해변에서 공놀이도 하고 튜브를 장착한 후 함께 물놀이도 즐기는 Peppa Pig 가족의 휴가 일상과 함께해 보세요. 특히 모래 놀이를 즐거워하는 모습은 세계 어디에서나 똑같은가 봅니다. 여름에 엄마가 자주 하게 되는 이 말을 찾아 보세요. "Before you start playing, you need some sun cream on.(놀이를 하기 전에는 선크림을 발라야 해.)"

June
20
Day 171

I bet you could make it!

네가 해낼 거라 믿어!

아이가 커갈수록 이상하게 아이의 잠재력을 믿어 주는 것이 힘이 듭니다. 이유가 무엇일까요? 쏟아지는 교육 정보에 너무 휘둘려 내 아이가 할 수 있을지 의문이 들기 때문이지요. 더 이상 아이를 조연으로 여기지 마세요. 아이를 주인공으로 만들어 주세요.

이렇게도 말해 보세요
I bet I can do it!
저는 정말 해낼 수 있어요!

오늘의 영상 Professor Fritz

Timothy네 반 친구들은 학생과 부모님을 모두 초대하는 특별한 학교의 행사에서 과학 프로젝트를 보여 주기 위해 열심히 준비하기로 합니다. 베이킹 소다와 식초로 rocket fuel(로켓 연료)를 만들어 발사 실험을 시도하는 Fritz의 발표 내용이 흥미롭습니다.

July

8

Day 189

Aren't you tired? You haven't had your lunch yet.

힘들지는 않아? 아직 점심도 안 먹었잖니.

여름에 신나게 물놀이를 하다 보면 아이들은 배고픈 줄도 모르고 끼니를 거르기도 합니다. 그 정도로 아이들에게 놀이는 최고의 선물이라는 의미겠지요. 무더위를 잊는 신나는 놀이를 하며 행복한 여름을 보내길 바랄게요.

이렇게도 말해 보세요

What food did you bring?
무슨 음식을 가져오셨어요?

오늘의 책　**Pete at the Beach** by James Dean

서핑(surfing)을 잘하는 Bob과 달리, 물에 들어가자는 가족들의 권유에도 'Maybe later(아마도 나중에)'라며 다른 놀이를 계속하는 Pete. 그의 눈에 형 Bob의 모습은 정말 재미있어 보이네요. 결국 그는 서핑에 성공하게 될까요?

June

21
Day 172

• 복습하기 •

Day 166
Do you want to learn English?
I want to learn how to swim.

Day 167
I think you need to learn how to count now.
I think I need to learn how to read now.

Day 168
I'm so proud you improved a lot.
I'm so happy you think so.

Day 169
Do you remember what you learned last time?
No, I don't remember what I learned last time.

Day 170
I don't think it's enough.
That's enough!

Day 171
I bet you could make it!
I bet I can do it!

오늘의 노래 | **I Belong Song**

엄마의 재혼으로 갑자기 공주가 된 Sofia. 완벽한 왕가의 일원이 되기 위해 배워야 할 것이 너무 많아요. 아무리 배워도 배울 것이 필요한 그녀. 정말 멋진 공주가 될 수 있을지 의구심도 들지만 최선을 다하려는 그녀의 노래가 아름답습니다.

July

7

Day 188

· 복습하기 ·

Day 182
Who's ready to have fun in the sun?
Who wants to play ball with me?

Day 183
You need to put some sunscreen on first.
I should put on sunscreen before going outside.

Day 184
Can you promise me to play safe?
Do you promise to stay here until I come again?

Day 185
Aren't you thirsty? Don't you need some water?
Yes, I'm thirsty. Water, please.

Day 186
Will you try playing with a water gun?
Playing with a water gun is super fun!

Day 187
You're soaking with sweat.
Did you watch me jumping over there?

오늘의 노래 In Summer Song

"I'm guessing you don't have much experience with heat!(넌 더위를 많이 경험해 보지 않았을 것 같은데!)"라는 Christopher의 대사에 눈사람 Olaf가 여름을 마음껏 상상하며 부르는 노래로 대답합니다. bees(벌), drink(마시다), breeze(산들바람) 등 들리는 단어 찾아 보기 같은 게임도 해 보세요.

June

22

Day 173

Hi, sweetie!
What are you doing?

우리 아가! 뭐 하고 있어?

아이와 떨어져 있는 엄마 마음은 항상 아이에게 향해 있어요. 내가 없어도 잘 놀고 있는지 걱정이 됩니다. 설레는 마음으로 전화를 하면 아이는 생각보다 잘 지내고 있을 때가 많아요. 듣고 또 들어도 사랑스런 목소리에 감사한 하루를 보내 봅시다.

이렇게도 말해 보세요

I'm playing dolls with my friend.
친구랑 인형 놀이 하고 있어요.

오늘의 책　Piggybook by Anthony Browne

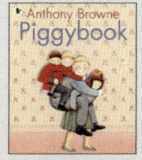

워킹맘인 엄마는 언제나 분주하지만 아이들과 아빠는 엄마 마음을 몰라주고 항상 필요한 사항에 대해 끊임없이 요구만 합니다. 어느 날 갑자기 그녀는 'You are pigs.(너희들은 돼지야.)'라는 메모만 남기고 떠나는데요. 남은 가족은 엄마의 소중함을 알게 될까요?

July
6

Day 187

You're soaking with sweat.

땀으로 흠뻑 젖었네.

밖에서 뛰어노는 아이들은 조금만 시간이 지나도 땀으로 범벅이 됩니다. 땀으로 흠뻑 젖을 때까지 놀아 보는 경험은 얼마나 소중한지요. 아이의 뇌를 고루 발달시키고 건강하게 하며 행복한 정서를 만들어 줍니다.

이렇게도 말해 보세요

Did you watch me jumping over there?
저 저기서 뛰는 거 보셨어요?

오늘의 영상 Water Fun!

"The red water balloons are ready!(빨간색 물풍선이 준비됐어!)" 다양한 일상 대화가 가득한 유튜브 채널 'Come and play with me'의 물풍선 놀이 에피소드입니다. 아이들이 좋아하는 인형 역할 놀이를 자주 들으면 자기도 모르게 영어 말하기 실력을 높일 수 있어요.

June

23

Day 174

(Do) You know how much I love you?

엄마가 너 얼마나 사랑하는지 알지?

일하는 엄마는 아이와 매시간 함께할 수 없어 초조해질 때가 많아요. 그럴 때는 전화해서 아이에게 진심으로 마음을 표현해 보세요. 정서적으로 건강하고 안정적인 아이로 키울 수 있습니다.

이렇게도 말해 보세요

I'm so pleased you are my mom.
엄마가 우리 엄마라 너무 기뻐요.

오늘의 영상 Caillou's Phone Call

"I'm on the phone! You just have to wait.(엄마 통화 중이야! 기다려 줘야 해.)"라 말하는 엄마의 통화 시간이 계속 길어져 Caillou는 속상합니다. 중요한 통화 중 거듭되는 Caillou의 방해에도 매번 미소를 잃지 않고 타이르는 Caillou 엄마에게서 아이를 대하는 태도를 배울 수 있어요.

July

5

Day 186

Will you try playing with a water gun?

물총 놀이해 볼래?

여름에 아이들이 가장 재미있어 하는 놀이는 수영 다음으로 이것이 아닐까요? 신나게 친구나 가족과 물총 놀이를 하며 물에 흠뻑 젖다 보면 아이는 기분 좋은 꿀잠을 예약하게 될 것입니다.

이렇게도 말해 보세요

Playing with a water gun is super fun!
물총 놀이 너무 재미있어요!

오늘의 책 Splash Day! by Nick Sharratt

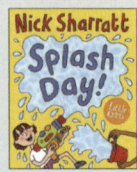

곳곳에 물웅덩이가 준비된 학교 운동장에 물총 놀이를 위해 만반의 준비를 갖춘 아이들이 등장합니다. 수영복과 물총은 기본이고 눈을 보호하려는 물안경까지 착용한 아이들의 splash day는 얼마나 재미있을까요?

June

24

Day 175

Where have you been?

어디 있었어?

전화를 할 때에는 항상 아이가 어디에서 놀았는지 궁금한 것이 엄마 마음입니다. 그러나 매번 너무 자세하게 물으면 대답하기 곤란할 때 거짓말을 할 수도 있어요. 지나친 확인보다는, 아이에 대한 사랑과 관심을 표현하는 태도에 더 의미를 두어 보세요.

이렇게도 말해 보세요

I've been on the playground.
놀이터에 있었어요.

오늘의 책 Farmer Duck by Martin Waddell

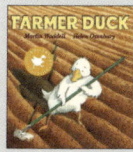

"How goes the work?(일은 어떻게 되고 있어?)"라는 말밖에 못하는 게으른 농부가 부지런한 오리를 종처럼 부립니다. 보다 못한 다른 동물들이 모여 작당을 하는데요. 결국 쫓겨나는 농부의 모습에 아이들은 만세를 부르고 싶을 거예요.

July

4

Day 185

Aren't you thirsty? Don't you need some water?

갈증 나지 않아? 물 마실래?

신나게 뛰어노는 아이들에게 가장 필요한 것은? 단연코 물이지요. 에너지를 마구 발산하면서 뛰어노는 아이들을 위해 물이나 과일로 충분한 수분 섭취에 신경 써 주세요.

이렇게도 말해 보세요

Yes, I'm thirsty. Water, please.
네, 목말라요. 물 좀 주세요.

오늘의 영상 Daniel Follows the Rules at the Pool; Daniel's First Swim Class

수영장에서 신나게 놀 생각에 흥분된 마음으로 물에 들어가려던 Daniel에게 안전 요원 선생님이 나타나 주의할 사항에 대해 말해 줍니다.

June
25
Day 176

Just wait for a minute. Mommy will get there soon.

잠시만 기다려 줄래? 엄마가 곧 갈 거야.

아이가 엄마를 기다리면 다급한 마음에 무심코 '곧 갈게'라고 말하게 됩니다. 그렇다고 너무 시간을 과장해서 말하지는 말아 주세요. 실제로 오래 기다려야 할 때에는 자초지종을 잘 설명해 주는 것이 엄마에 대한 신뢰감과 안정감을 높이는 방법입니다.

이렇게도 말해 보세요

Come on! I can't wait to see you.
얼른 오세요! 빨리 엄마를 보고 싶단 말이에요.

오늘의 영상 Can I Speak to Sally? Speaking.

"Can I speak to Sally, please?(Sally와 통화 좀 할 수 있을까요?)" "Speaking.(전데요.)" 등 친구들과 전화를 주고받을 때나 아픈 친구에게 병문안을 갈 때 나눌 수 있는 표현들을 자연스레 배워 보세요.

July
3
Day 184

Can you promise me to play safe?

안전하게 놀겠다고 약속할 수 있지?

바깥 놀이를 내보내는 엄마의 마음은 항상 똑같습니다. 뭐니 뭐니 해도 안전이 가장 우선이지요. 아이를 내보낼 때에는 주변에 위험한 것이 없는지 살피고, 평소에도 안전의 가치에 대해 아이와 대화를 자주 나누세요.

이렇게도 말해 보세요

Do you promise to stay here until I come again?
제가 다시 올 때까지 여기 있겠다고 약속하시는 거죠?

오늘의 책   The Pig in the Pond by Martin Waddell

여름에 땀을 뻘뻘 흘리며 작은 연못 옆에 앉아 다른 동물 친구들이 시원하게 수영하는 모습을 지켜만 보고 있는 Neligan 아저씨 농장의 돼지 한 마리가 애처롭습니다. 더위를 참지 못하고 연못에 빠져든 돼지를 보고 농장의 모든 동물들이 입소문을 냅니다. "The pig's in the pond!"

June
26
Day 177

Will you wait until I get home?

엄마가 집에 갈 때까지 기다려 줄래?

아이는 무엇을 하면서 엄마가 집에 오기를 기다리면 좋을까요? 아이가 해야 할 말을 다른 말로 바꾸어 연습해 보세요. "Will you read some books?(책을 좀 읽을래?)" "Will you play with some toys?(장난감 좀 가지고 놀래?)"

이렇게도 말해 보세요

Yes, I will. Don't worry.
네, 그렇게 할게요. 걱정 마세요.

오늘의 책 My Working Mom by Peter Glassman

"It isn't easy having a working mom.(일하는 엄마를 둔다는 건 만만치 않은 일이에요.)" 아이의 이 말로 시작하는 이 책은 엄마가 일을 하며 겪을 수 있는 고된 육아와 그럼에도 불구하고 아이를 위해 최선을 다하는 엄마의 모습이 아이의 시선에서 재미있게 그려집니다.

July

2

Day 183

You need to put some sunscreen on first.

먼저 선크림을 발라야지.

뜨거운 태양빛이 염려되어 집에만 있을 필요는 없어요. 다만 바깥 놀이 전에는 이것을 잊지 마세요. 소중한 내 아이의 피부 건강을 지켜줄 선크림을 항상 준비합시다.

이렇게도 말해 보세요

I should put on sunscreen before going outside.
밖에 나가기 전에 선크림을 바르는 게 좋겠어요.

오늘의 영상 Caillou and the Water Fight

Caillou 가족이 수영장에서 즐거운 시간을 보냅니다. 수영을 못하는 동생 Rosie에게 수영을 가르쳐 주기도 하고 해적 물놀이에 참여해 신나게 노는 Caillou 가족을 통해 시원한 여름을 느껴 보세요.

June
27
Day 178

Can I talk to grandma, please?

할머니 좀 바꿔 줄래?

통화 중 다른 사람을 바꾸어 달라고 요청하는 표현이지만, 대화를 나누다가 상대방을 바꾸어 이야기하고 싶을 때에도 사용합니다. 아빠(dad), 언니(your sister), 오빠(your brother) 등 다른 가족들로 바꾸어서 여러 번 말해 보세요.

이렇게도 말해 보세요

Wait a minute. I'll call her.
잠시만요. 할머니 불러드릴게요.

오늘의 영상 Parent vs. Kid: 8 Year Old Debates Her Mom for a Cell Phone

휴대폰을 소유해도 되는지에 대해 아이와 엄마가 출연해 토론을 합니다. 편견을 버리고 아이와 함께 시청하며 엄마의 생각과 아이의 생각을 서로 나누어 보세요.

July

1

Day 182

Who's ready to have fun in the sun?

햇볕 쬐면서 신나게 놀 준비된 사람?

아이들이 밖에서 뛰어놀 때 혹시 학습량이 부족할까봐 불안하세요? 아이가 노는 시간을 아까워하지 마세요. 아이들은 놀이로 자랍니다. 충분히 뛰어 놀아본 아이가 집중도 잘 하니까요.

이렇게도 말해 보세요

Who wants to play ball with me?
나랑 공놀이할 사람 있어요?

오늘의 책　Fred and Ted Like to Fly by Peter Eastman

키 작은 Ted와 키가 큰 Fred가 만나 각자의 비행기를 타고 해변에 내려서 서핑도 하고, 모래 성도 만들며 즐겁고 신나는 하루를 보냅니다. 해변에서 놀 수 있는 모든 것을 대신 해 주는 두 친구와 신나는 놀이 체험을 떠나 보세요.

June
28
Day 179

• 복습하기 •

Day 173
Hi, sweetie! What are you doing?
I'm playing dolls with my friend.

Day 174
(Do) You know how much I love you?
I'm so pleased you are my mom.

Day 175
Where have you been?
I've been on the playground.

Day 176
Just wait for a minute. Mommy will get there soon.
Come on! I can't wait to see you.

Day 177
Will you wait until I get home?
Yes, I will. Don't worry.

Day 178
Can I talk to grandma, please?
Wait a minute. I'll call her.

오늘의 노래 Hello Hello Phone Is Ringing Song

친구와의 기본 영어 대화를 흥겨운 노래와 함께 배울 수 있어요. 아이와 주말에는 전화를 가지고 역할놀이를 하며 즐거운 시간을 가져 볼까요?

July

Summer

7월에는 여름에 나눌 수 있는 대화 주제들을 담았습니다. 아이들과 장마와 폭풍에 대해 이야기하거나, 물놀이나 캠핑과 같은 야외 활동을 즐기면서 대화를 해 보세요.

Summer Activities 1
Summer Activities 2
Rainy Season and Storm
Camping